Mudfog et autres croquis

Charles Dickens

Writat

Cette édition parue en 2024

ISBN : 9789359948287

Publié par
Writat
email : info@writat.com

Contenu

VIE PUBLIQUE DE M. TULRUMBLE
UNE FOIS MAIRE DE MUDFOG

MUDFOG est une ville agréable — une ville remarquablement agréable — située dans un charmant creux au bord d'une rivière, de laquelle rivière, Mudfog tire un agréable parfum de poix, de goudron, de charbon et de fil de corde, une population errante portant des chapeaux en ciré. , un afflux assez régulier de mariniers ivres et de nombreux autres avantages maritimes. Il y a beaucoup d'eau autour de Mudfog , et pourtant ce n'est pas non plus exactement le genre de ville pour un point d'eau. L'eau est un élément pervers dans le meilleur des cas, et c'est particulièrement le cas dans Mudfog . En hiver, il suinte dans les rues et déferle sur les champs, et même se précipite dans les caves et les cuisines des maisons, avec une prodigalité somptueuse dont on pourrait bien se passer ; mais par temps chaud d'été, il *sèchera* et deviendra vert : et, bien que le vert soit une très bonne couleur à sa manière, surtout dans l'herbe, il ne convient certainement pas à l'eau ; et on ne peut nier que la beauté de Mudfog soit plutôt altérée, même par cette circonstance insignifiante. Mudfog est un endroit sain, très sain ; humide, peut-être, mais cela ne s'en ressent pas plus mal. C'est une erreur de supposer que l'humidité est malsaine : les plantes prospèrent mieux dans des situations humides, et pourquoi pas les hommes ? Les habitants de Mudfog sont unanimes pour affirmer qu'il n'existe pas de race humaine plus belle sur la surface de la terre ; nous avons ici une contradiction incontestable et véridique de l'erreur vulgaire à la fois. Ainsi, en admettant que Mudfog soit humide, nous affirmons clairement qu'il est salubre.

La ville de Mudfog est extrêmement pittoresque. Limehouse et Ratcliff Highway y ressemblent toutes les deux, mais elles vous donnent une très faible idée de Mudfog . Il y a beaucoup plus de pubs à Mudfog – plus que dans Ratcliff Highway et Limehouse réunis. Les bâtiments publics sont également très imposants. Nous considérons l'hôtel de ville comme l'un des plus beaux spécimens d'architecture de hangar qui existent : c'est une combinaison des ordres de la porcherie et de la boîte à thé ; et la simplicité de sa conception est d'une beauté incomparable. L'idée de placer une grande fenêtre d'un côté de la porte et une petite de l'autre est particulièrement heureuse. Il y a aussi une belle vieille beauté dorique dans le cadenas et le grattoir, qui est strictement conforme à l'effet général.

Dans cette salle, le maire et la corporation de Mudfog se réunissent en conseil solennel pour le bien public. Assis sur les massifs bancs en bois qui, avec la table au centre , constituent le seul meuble de l'appartement blanchi à la chaux, les hommes sages de Mudfog passent heure après heure dans de graves délibérations. Ici, ils décident à quelle heure de la nuit les débits de boissons seront fermés, à quelle heure du matin ils seront autorisés à ouvrir, à quelle heure il sera permis aux gens de dîner les jours d'église, et d'autres grands questions politiques; et parfois, longtemps après que le silence soit tombé sur la ville, et que les lumières lointaines des boutiques et des maisons aient cessé de scintiller, comme des étoiles lointaines, à la vue des bateliers sur le fleuve, l'éclairage des deux bâtiments de taille inégale. fenêtres de l'hôtel de ville, prévient les habitants de Mudfog que son petit corps de législateurs, comme un corps plus grand et plus connu du même genre, beaucoup plus bruyant et pas du tout plus profond, somnole patriotiquement dans compagnie, jusque tard dans la nuit, pour le bien de leur pays.

Parmi ce groupe d'hommes sages et érudits, personne ne s'est distingué, pendant de nombreuses années, par la modestie tranquille de son apparence et de son comportement , comme Nicholas Tulrumble , le marchand de charbon bien connu. Aussi passionnant que soit le sujet de discussion, aussi animé que soit le ton du débat, ou aussi chaleureuse que soient les personnalités échangées (et même dans Mudfog, nous devenons parfois personnels), Nicholas Tulrumble était toujours le même. À vrai dire, Nicolas, étant un homme travailleur et toujours debout de bonne heure, avait tendance à s'endormir dès qu'un débat commençait, et à rester endormi jusqu'à ce qu'il soit terminé, alors qu'il se réveillait très reposé et donnait son vote avec les députés. la plus grande complaisance. Le fait était que Nicholas Tulrumble , sachant que tout le monde avait pris sa décision à l'avance, considérait la conversation comme une longue peine pour rien du tout ; et jusqu'à présent, la question reste de savoir si, sur ce point en tout cas, Nicholas Tulrumble n'avait pas tout à fait raison.

Le temps, qui parsème la tête d'un homme d'argent, remplit parfois ses poches d'or. Au fur et à mesure qu'il accomplissait un bon office pour Nicholas Tulrumble , il se montra assez obligeant pour ne pas omettre l'autre. Nicolas commença sa vie dans un immeuble en bois de quatre pieds carrés, avec un capital de deux pence neuf et un stock de commerce de trois boisseaux et demi de charbon, sans compter le gros morceau qui pendait, en guise d'enseigne, dehors. Puis il agrandit le hangar et garda un camion ; puis il quitta le hangar, et le camion aussi, et démarra un âne et une Mme Tulrumble ; puis il bougea de nouveau et installa une charrette ; la charrette fut peu après échangée contre un chariot ; et ainsi il continua comme son grand prédécesseur Whittington - mais sans chat pour partenaire - augmentant en richesse et en renommée, jusqu'à ce qu'enfin il abandonne complètement ses affaires et se retire avec Mme Tulrumble et sa famille à Mudfog Hall, qu'il avait lui-même. érigé, sur quelque chose dont il a tenté de se faire croire qu'il s'agissait d'une colline, à environ un quart de mile de la ville de Mudfog .

Vers cette époque, on commença à murmurer dans Mudfog que Nicolas Tulrumble devenait vaniteux et hautain ; que la prospérité et le succès avaient corrompu la simplicité de ses manières et entaché la bonté naturelle de son cœur ; en bref, qu'il se faisait un personnage public et un grand gentilhomme, et affectait de mépriser ses anciens compagnons avec compassion et mépris. Que ces rapports aient été fondés ou non à l'époque, il est certain que Mme Tulrumble a démarré très peu de temps après une chaise à quatre roues, conduite par un grand postillon coiffé d'une casquette jaune, et que M. Tulrumble fils s'est mis à fumer. des cigares, et traitant le valet de pied d'« abatteur », et que M. Tulrumble, à partir de ce moment-là, n'était plus vu la nuit dans son ancien siège, au coin de la cheminée des bras du briquet. Cela avait l'air mauvais ; mais, plus encore, on commença à remarquer que M. Nicholas Tulrumble assistait aux réunions de la corporation plus fréquemment qu'auparavant ; et il ne s'endormait plus comme il l'avait fait depuis tant d'années, mais il ouvrait ses paupières avec ses deux index ; qu'il lisait seul les journaux à la maison ; et qu'il avait l'habitude de faire à l'étranger des allusions lointaines et mystérieuses aux « masses du peuple », à « la propriété du pays », à la « puissance productive » et à « l'intérêt de l'argent » : tout cela dénotait et prouvait que Nicholas Tulrumble était soit fou, soit pire ; et cela a étonnamment intrigué les braves gens de Mudfog .

Enfin, vers le milieu du mois d'octobre, M. Tulrumble et sa famille montèrent à Londres ; la mi-octobre étant, comme Mme Tulrumble l'a dit à sa connaissance à Mudfog , le point culminant de la saison à la mode.

D'une manière ou d'une autre, à peu près à cette époque, malgré l'air bénéfique pour la santé de Mudfog , le maire mourut. C'était une circonstance des plus extraordinaires ; il vivait à Mudfog depuis quatre-vingt-cinq ans. La société ne l'a pas du tout compris ; en fait, ce fut avec beaucoup de difficulté qu'un vieux monsieur, très pointilleux sur les formes, fut dissuadé de proposer un vote de censure pour une conduite aussi inconcevable. Aussi étrange que cela puisse paraître, cependant, il mourut sans prêter la moindre attention à la corporation ; et la corporation était impérativement appelée à élire son successeur. Alors, ils se sont rencontrés dans ce but ; et étant très remplis de Nicholas Tulrumble à ce moment-là, et Nicholas Tulrumble étant un homme très important, ils l'élurent et partirent à Londres par le courrier suivant pour informer Nicholas Tulrumble de sa nouvelle élévation.

Or, comme nous étions en novembre et que M. Nicholas Tulrumble était dans la capitale, il s'avéra qu'il était présent au spectacle et au dîner du lord-maire, à la vue de la gloire et de la splendeur dont lui, M. Tulrumble , fut grandement mortifié. , dans la mesure où la réflexion s'imposerait à son esprit que, s'il était né à Londres plutôt qu'à Mudfog , il aurait pu être lord-maire aussi, et avoir fréquenté les juges, et avoir été affable envers le Lord

Chancelier et amical. avec le premier ministre et froidement condescendant envers le secrétaire au Trésor, ils ont dîné avec un drapeau derrière le dos et ont accompli un grand nombre d'autres actes et actes qui appartiennent particulièrement aux lord-maires de Londres. Plus il pensait au lord-maire, plus il lui paraissait un personnage enviable. Être roi, c'était très bien ; mais qu'était le roi pour le lord-maire ! Lorsque le roi prononçait un discours, tout le monde savait que c'était l'écriture de quelqu'un d'autre ; alors que voici le lord-maire, parlant pendant une demi-heure - tout hors de sa propre tête - au milieu des applaudissements enthousiastes de toute la compagnie, alors qu'il était notoire que le roi pouvait parler à son parlement jusqu'à ce qu'il ait le visage noir sans recevoir ne serait-ce qu'une seule acclamation. Tandis que toutes ces réflexions traversaient l'esprit de M. Nicholas Tulrumble , le lord-maire de Londres lui apparut comme le plus grand souverain de la face de la terre, battant l'empereur de Russie pour rien et laissant le grand magnat infiniment derrière.

M. Nicholas Tulrumble réfléchissait à ces choses et maudissait intérieurement le sort qui avait jeté son hangar à charbon à Mudfog , lorsque la lettre de la corporation lui fut remise entre les mains. Une rougeur cramoisie envahit son visage alors qu'il le lisait, car des visions lumineuses dansaient déjà devant son imagination.

« Ma chère, dit M. Tulrumble à sa femme, ils m'ont élu maire de Mudfog . »

« Lor-a-mussy ! » dit Mme Tulrumble : « pourquoi qu'est-il advenu du vieux Sniggs ?

« Feu M. Sniggs , Mme Tulrumble », dit brusquement M. Tulrumble , car il n'approuvait en aucun cas l'idée de désigner sans cérémonie un monsieur qui remplissait la haute fonction de maire, comme « Vieux Sniggs » . M. Sniggs , Mme Tulrumble , est mort.

La communication était très inattendue ; mais Mme Tulrumble a seulement éjaculé « Lor-a-mussy ! encore une fois, comme si un maire était un simple chrétien ordinaire, ce à quoi M. Tulrumble fronça les sourcils sombrement.

« Quel dommage que je ne puisse pas aller à Londres, n'est-ce pas ? » » dit Mme Tulrumble après une courte pause ; " Quel dommage de ne pas pouvoir aller à Londres, où vous auriez pu avoir un spectacle. "

"Je *pourrais* avoir un spectacle à Mudfog , si je le pensais approprié, je l'appréhende", a déclaré mystérieusement M. Tulrumble .

« Seigneur ! alors vous pourriez, je le déclare, répondit Mme Tulrumble .

«Et un bon aussi», dit M. Tulrumble .

'Délicieux!' s'exclama Mme Tulrumble .

"Une chose qui étonnerait plutôt les ignorants là-bas", a déclaré M. Tulrumble .

"Cela les tuerait d'envie", a déclaré Mme Tulrumble .

Il fut donc convenu que les seigneurs de Sa Majesté à Mudfog seraient étonnés de splendeur et massacrés d'envie, et qu'un tel spectacle aurait lieu comme on n'en avait jamais vu dans cette ville, ni dans aucune autre ville auparavant, - non, même pas à Londres même.

Le lendemain même de la réception de la lettre, le grand postillon descendit dans une chaise de poste, non pas sur l'un des chevaux, mais à l'intérieur, en fait à l'intérieur de la chaise, et se dirigea vers la porte même de la voiture. La mairie, où la corporation était assemblée, délivra une lettre, écrite par Dieu sait qui, et signée par Nicholas Tulrumble , dans laquelle Nicholas disait, sur quatre côtés d'une feuille de papier étroitement écrite, dorée et pressée à chaud, Bath par courrier postal, qu'il a répondu à l'appel de ses concitoyens avec un sentiment de joie sincère ; qu'il acceptait la charge ardue que leur confiance lui avait imposée ; qu'ils ne le trouveraient jamais reculant devant l'accomplissement de son devoir ; qu'il s'efforcerait d'exécuter ses fonctions avec toute la dignité qu'exigeaient leur grandeur et leur importance ; et bien plus encore dans le même sens. Mais ce n'était pas tout. Le grand postillon sortit de sa botte droite une copie humide du numéro du journal du comté de cet après-midi ; et là, en gros caractères, sur toute la longueur de la toute première colonne, se trouvait un long discours de Nicholas Tulrumble aux habitants de Mudfog , dans lequel il disait qu'il se conformait joyeusement à leur réquisition, et, en bref, comme pour pour éviter toute erreur à ce sujet, leur répéta quel grand garçon il entendait être, dans les mêmes termes que ceux dans lesquels il leur avait déjà tout raconté dans sa lettre.

La corporation se dévisagea très intensément à tout cela, puis regarda comme pour demander une explication au grand postillon, mais comme le grand postillon contemplait attentivement le pompon d'or sur le haut de son bonnet jaune, et n'aurait pu fournir aucune explication. Même si ses pensées avaient été entièrement dégagées, ils se contentaient de tousser d'une manière très douteuse et d'un air très grave. Le grand postillon remit ensuite une autre lettre, dans laquelle Nicolas Tulrumble informait la corporation qu'il avait l'intention de se rendre à l'hôtel de ville, en grand état et en magnifique procession, le lundi après-midi suivant. A cela, la corporation parut encore plus solennelle ; mais, comme l'épître se terminait par une invitation formelle à tout le corps à dîner avec le maire ce jour-là, à Mudfog Hall, Mudfog Hill, Mudfog , ils commencèrent à voir directement le plaisir de la chose et renvoyèrent leurs compliments : et ils seraient sûrs de venir.

Il se trouve qu'il y en a eu à Mudfog , comme il se trouve que d'une manière ou d'une autre, il y en a dans presque toutes les villes des dominions britanniques, et peut-être aussi dans les dominions étrangers - nous pensons que c'est très probable, mais, n'étant pas un grand voyageur , nous ne pouvons pas dire avec précision — il y avait, à Mudfog , une sorte de vagabond au caractère joyeux, au visage agréable, bon à rien, avec une aversion invincible pour le travail manuel et un attachement invincible pour la bière forte et les spiritueux, que tout le monde connaissait, et personne, sauf sa femme, ne prenait la peine de se quereller, avec qui héritait de ses ancêtres le surnom d'Edward Twigger et se réjouissait du *sobriquet* de Ned au nez de bouteille. Il était ivre en moyenne une fois par jour, et pénitent selon un calcul tout aussi équitable une fois par mois ; et quand il était pénitent, il était invariablement au tout dernier stade de l'ivresse larmoyante. C'était un type en haillons, vagabond et rugissant, avec une silhouette robuste, un esprit vif et une tête prompte, et il pouvait se tourner vers n'importe quoi quand il le voulait. Il n'était en aucun cas opposé aux travaux forcés par principe, car il participait chaque jour à un match de cricket ensemble, courant, attrapant, frappant, jouant aux quilles et se délectant d'un labeur qui épuiserait un galérien. . Il aurait été d'une valeur inestimable pour un service de pompiers ; jamais homme n'a eu un goût aussi naturel pour pomper des moteurs, monter des échelles et jeter des meubles par les fenêtres de deux escaliers : ce n'était pas non plus le seul élément dans lequel il se sentait chez lui ; il était en lui-même une société humaine, une drague portative, un gilet de sauvetage animé, et avait sauvé plus de personnes, à son époque, de la noyade que le canot de sauvetage de Plymouth ou l'appareil du capitaine Manby. Avec toutes ces qualités, malgré sa dissipation, Ned au nez de bouteille était le favori général ; et les autorités de Mudfog , se souvenant de ses nombreux services rendus à la population, lui permirent en échange de s'enivrer à sa manière, sans crainte de stocks, d'amende ou d'emprisonnement. Il avait une licence générale , et il a montré son sens du compliment en en tirant le meilleur parti.

Nous avons été ainsi particuliers dans la description du caractère et des activités de Ned au nez de bouteille, parce qu'il nous permet d'introduire un fait poliment, sans le porter devant le lecteur avec une hâte indécente par la tête et les épaules, et nous amène très naturellement à raconter , que le soir même où M. Nicholas Tulrumble et sa famille retournaient à Mudfog , le nouveau secrétaire de M. Tulrumble , tout juste importé de Londres, avec un visage pâle et de légères moustaches, baissa la tête jusqu'au bas de son foulard... tie, se présentant à la porte de la salle des bars du Lighterman's Arms, et demandant si un certain Ned Twigger se prélassait à l'intérieur, il s'annonça comme porteur d'un message de Nicholas Tulrumble , écuyer, exigeant la présence immédiate de M. Twigger dans la salle, en privé. et des affaires particulières. Ce n'était en aucun cas l'intérêt de M. Twigger d'affronter le maire , il se leva de la cheminée avec un léger soupir et suivit le secrétaire aux moustaches claires à travers la saleté et l'humidité des rues de Mudfog , jusqu'à Mudfog Hall, sans plus tarder.

M. Nicholas Tulrumble était assis dans une petite caverne avec une lucarne, qu'il appelait sa bibliothèque, dessinant un plan de la procession sur une grande feuille de papier ; et dans la caverne, le secrétaire fit entrer Ned Twigger.

"Eh bien, Brindille !" dit Nicholas Tulrumble avec condescendance.

Il fut un temps où Twigger aurait répondu : « Eh bien, Nick ! mais c'était à l'époque du camion, et quelques années avant l'âne ; alors, il s'est seulement incliné.

«Je veux que tu t'entraînes, Twigger», dit M. Tulrumble .

« Pourquoi, monsieur ? » demanda Ned avec un regard fixe.

« Chut, chut, Brindille ! » dit le maire . « Fermez la porte, M. Jennings. Regarde ici, Brindille.

En disant cela, le maire a ouvert un placard haut et a révélé une armure complète en laiton , de dimensions gigantesques.

«Je veux que tu portes ça lundi prochain, Twigger», dit le maire .

« Bénissez votre cœur et votre âme, monsieur ! » répondit Ned, vous pourriez aussi bien me demander de porter un canon de soixante-quatorze livres ou une chaudière en fonte.

« C'est absurde, Twigger, c'est absurde ! » dit le maire .

« Je ne pourrais pas supporter cela, monsieur, » dit Twigger ; « cela me ferait de la purée de pommes de terre, si je l'essayais. »

« Caca, caca, Brindille ! » répondit le maire . « Je vous dis que je l'ai vu faire de mes propres yeux, à Londres, et cet homme n'était pas non plus un homme à moitié tel que vous.

« J'aurais préféré penser à un homme portant le boîtier d'une horloge de huit jours pour sauver son linge, » dit Twigger, jetant un regard d'appréhension au costume de cuivre.

"C'est la chose la plus simple au monde", répondit le maire .

«Ce n'est rien», a déclaré M. Jennings.

"Quand tu y seras habitué", ajouta Ned.

«Vous le faites par étapes», dit le maire . « Vous commenceriez avec un morceau demain, et deux le lendemain, et ainsi de suite, jusqu'à ce que vous ayez tout fini. M. Jennings, donnez un verre de rhum à Twigger. Essayez juste le plastron, Twigger. Rester; prenez d'abord un autre verre de rhum. Aidez-moi à le soulever, M. Jennings. Tenez bon, Brindille ! Voilà !… il n'est pas aussi lourd qu'il en a l'air, n'est-ce pas ?

Twigger était un bon garçon, fort et corpulent ; ainsi, après bien des hésitations, il parvint à se maintenir debout, sous le plastron, et parvint même, à l'aide d'un autre verre de rhum, à se promener dedans, et les gantelets par-dessus le marché. Il fit un essai du casque, mais il n'obtint pas le même succès, dans la mesure où il bascula instantanément, accident dont M. Tulrumble démontra clairement qu'il était dû au fait qu'il n'avait pas de poids de cuivre sur ses jambes.

"Maintenant, portez-le avec grâce et convenance lundi prochain", dit Tulrumble , "et je ferai votre fortune."

«Je vais essayer ce que je peux faire, monsieur», dit Twigger.

"Cela doit rester un profond secret", a déclaré Tulrumble .

"Bien sûr, monsieur," répondit Twigger.

« Et vous devez être sobre, » dit Tulrumble ; 'parfaitement sobre.' M. Twigger s'engagea aussitôt solennellement à être aussi sobre qu'un juge, et Nicholas Tulrumble fut satisfait, même si, si nous avions été Nicholas, nous aurions certainement exigé une promesse d'une nature plus précise ; d'autant que, ayant assisté plus d'une fois aux assises de Mudfog le soir, nous pouvons attester solennellement avoir vu des juges avec de très forts symptômes de dîner sous leurs perruques. Cependant, ce n'est ni ici ni là.

Le lendemain, et le lendemain, et le lendemain, Ned Twigger était enfermé en toute sécurité dans la petite caverne avec la lucarne, travaillant dur à l' armure . Pour chaque morceau supplémentaire dans lequel il parvenait à se tenir debout, il buvait un verre de rhum supplémentaire ; et enfin, après de nombreuses suffocations partielles, il parvint à enfiler l'ensemble complet et à tituber de long en large dans la pièce, comme une effigie ivre de l'abbaye de Westminster.

Jamais l'homme n'a été aussi ravi que Nicholas Tulrumble ; jamais femme n'a été aussi charmée que celle de Nicholas Tulrumble . Voilà un spectacle pour les gens ordinaires de Mudfog ! Un homme vivant en armure de cuivre ! Eh bien, ils seraient fous d'émerveillement !

Le jour, *le* lundi, arriva.

Si la matinée avait été préparée sur commande, elle n'aurait pas pu être mieux adaptée à l'objectif. Ils n'ont jamais montré un meilleur brouillard à Londres le jour du Lord Mayor que celui qui a enveloppé la ville de Mudfog à cette occasion mouvementée. Il s'était élevé lentement et sûrement de l'eau verte et stagnante aux premières lueurs du matin, jusqu'à atteindre un peu au-dessus du sommet des lampadaires ; et là il s'était arrêté, avec une obstination endormie et paresseuse, qui défiait le soleil, qui s'était levé très injecté de sang autour des yeux, comme s'il eût été à une beuverie pendant la nuit, et faisait son journée de travail avec la pire grâce possible. L'épaisse brume humide planait sur la ville comme un immense rideau de gaze. Tout était sombre et lugubre. Les clochers des églises avaient dit un adieu temporaire au monde d'en bas ; et tout objet de moindre importance — maisons, granges, haies, arbres et barges — avait tous pris le voile.

L'horloge de l'église sonna une heure. Une trompette fêlée provenant du jardin de devant de Mudfog Hall produisit un faible bruit, comme si une personne asthmatique avait accidentellement toussé dedans ; la porte s'ouvrit brusquement et sortit un gentleman, monté sur un coursier couleur sucre humide , destiné à représenter un héraut, mais ressemblant beaucoup plus à un personnage de cour à cheval. C'était l'un des gens du cirque qui venaient toujours à Mudfog à cette époque de l'année et qui avait été engagé par Nicholas Tulrumble expressément pour l'occasion. Il y avait le cheval, remuant sa queue, se balançant sur ses pattes arrière et s'épanouissant avec ses pieds antérieurs, d'une manière qui eût touché le cœur et l'âme de toute foule raisonnable. Mais une foule de Mudfog n'a jamais été raisonnable et ne le sera probablement jamais. Au lieu de disperser le brouillard même avec leurs cris, comme ils auraient dû le faire sans aucun doute, et étaient pleinement intentionnels de le faire, par Nicholas Tulrumble , ils reconnurent à peine le héraut, qu'ils commencèrent à grogner la désapprobation la plus catégorique à la simple vue du héraut. notion de sa circonscription comme n'importe quel autre homme. S'il était effectivement tombé sur la tête, ou s'il avait sauté dans un cerceau, ou volé dans un tambour chauffé au rouge, ou même s'il s'était tenu sur une jambe avec l'autre pied dans la bouche, ils auraient peut-être eu quelque chose à lui dire ; mais pour un gentleman professionnel, s'asseoir à califourchon sur la selle, les pieds dans les étriers, était une trop bonne plaisanterie. Ainsi, le héraut fut un échec retentissant, et la foule hula avec beaucoup d'énergie tandis qu'il s'éloignait sans gloire.

Le cortège est venu. Nous avons peur de dire combien il y avait de surnuméraires, en chemises rayées et casquettes de velours noir, pour imiter les watermen de Londres, ou combien de basses imitations de valets de pied, ou combien de bannières qui, à cause de la lourdeur de l'atmosphère, On ne pouvait en aucun cas nous convaincre d'afficher leurs inscriptions : encore moins sommes-nous disposés à raconter comment les hommes qui jouaient des instruments à vent, levant les yeux vers le ciel (nous entendons le brouillard) avec une ferveur musicale , marchaient à travers des flaques d'eau et des monticules de boue, jusqu'à ce qu'ils recouvrent les têtes poudrées des valets de pied susmentionnés d'éclaboussures qui semblaient curieuses, mais non ornementales ; ou comment l'interprète de l'orgue de Barbarie a mis le mauvais jeu et a joué un air pendant que l'orchestre en jouait un autre ; ou comment les chevaux, habitués à l'arène et non aux rues, resteraient immobiles et danseraient, au lieu d'avancer et de caracoler ; tout cela est un sujet qui pourrait être développé avec beaucoup d'avantages, mais que nous n'avons pas abordé. malgré la moindre intention de s'y étendre.

Oh! c'était un spectacle grandiose et magnifique de voir une société dans des carrosses en verre, fournis aux seuls frais et charges de Nicholas Tulrumble , arriver roulant, comme des funérailles en deuil, et d'observer les tentatives que la société faisait pour paraître grande et solennelle. , quand Nicholas Tulrumble lui-même, dans la chaise à quatre roues, avec le grand postillon, roulait après eux, avec M. Jennings d'un côté pour ressembler à un aumônier, et un surnuméraire de l'autre, avec un vieux sabre de sauveteur . , pour imiter le porteur d'épée; et voir les larmes couler sur les visages de la foule alors qu'ils criaient de joie. C'était magnifique ! ainsi que l'apparence de Mme Tulrumble et de son fils, alors qu'ils s'inclinaient avec une dignité grave, depuis la portière de leur voiture, devant tous les visages sales qui riaient autour d'eux : mais ce n'est même pas à cela que nous avons affaire, mais à l'arrêt soudain de la procession à un autre coup de trompette, après quoi un profond silence s'ensuivit, et tous les yeux furent tournés vers Mudfog Hall, dans l'attente confiante de quelque nouvelle merveille.

"Ils ne riront plus maintenant, M. Jennings", a déclaré Nicholas Tulrumble .

«Je ne pense pas, monsieur», a déclaré M. Jennings.

"Voyez à quel point ils ont l'air impatients", a déclaré Nicholas Tulrumble . 'Aha! le rire sera de notre côté maintenant ; hein, M. Jennings ?

« Aucun doute là-dessus, monsieur, » répondit M. Jennings ; et Nicholas Tulrumble , dans un état d'excitation agréable, se leva dans la chaise à quatre roues et télégraphia sa satisfaction à la maire qui se trouvait derrière.

Pendant que tout cela se déroulait, Ned Twigger était descendu dans la cuisine de Mudfog Hall dans le but de donner aux domestiques un aperçu privé de la curiosité qui allait éclater sur la ville ; et, d'une manière ou d'une autre, le valet de pied était si aimable, la femme de chambre si gentille et le cuisinier si amical, qu'il ne put résister à l'offre du premier mentionné de s'asseoir et de prendre quelque chose, juste pour boire du succès pour maîtriser son métier. .

Ainsi, Ned Twigger s'assit dans sa livrée de cuivre sur le dessus de la table de la cuisine ; et dans une tasse de quelque chose de fort, payé par Nicholas Tulrumble , inconscient , et fourni par le valet de pied qui l'accompagnait, il but le succès du maire et de son cortège ; et, tandis que Ned déposait son casque pour s'imprégner de quelque chose de fort, le valet de pied le mit sur sa propre tête, pour le plus grand plaisir du cuisinier et de la femme de chambre. Le valet de pied compagnon était très facétieux avec Ned, et Ned était tour à tour très galant envers le cuisinier et la femme de ménage. Ils étaient tous très douillets et confortables ; et quelque chose de fort circulait vivement.

Enfin, Ned Twigger fut appelé à haute voix par les gens du cortège ; et, après avoir fait fixer son casque d'une manière très compliquée par le compagnon valet de pied, la gentille servante et le sympathique cuisinier, il sortit gravement, et apparut devant la multitude.

La foule rugissait – ce n'était pas d' étonnement, ce n'était pas de surprise ; c'était décidément et incontestablement avec des rires.

'Quoi!' dit M. Tulrumble en démarrant dans la chaise à quatre roues. 'En riant? S'ils se moquaient d'un homme vêtu d'une véritable armure de cuivre , ils riraient quand leur propre père était mourant. Pourquoi ne va-t-il pas chez lui, M. Jennings ? Pourquoi vient-il vers nous ? il n'a rien à faire ici !

«J'ai peur, monsieur…» balbutia M. Jennings.

« Peur de quoi, monsieur ? » dit Nicholas Tulrumble en regardant le visage du secrétaire.

«Je crains qu'il ne soit ivre, monsieur», répondit M. Jennings.

Nicholas Tulrumble jeta un coup d'œil à la silhouette extraordinaire qui se pesait sur eux ; puis, saisissant le bras de son secrétaire, il poussa un gémissement audible d'angoisse d'esprit.

C'est un fait triste que M. Twigger, ayant toute latitude pour exiger un seul verre de rhum lors de l'enfilage de chaque pièce de l' armure , est sorti, d'une manière ou d'une autre, plutôt hors de son calcul dans la précipitation et la confusion de la préparation. , et j'ai bu environ quatre verres pièce au lieu d'un, sans parler de quelque chose de fort qui était dessus. Nous ne sommes pas assez scientifiques pour savoir si l' armure d'airain freinait le flux naturel de la transpiration et empêchait ainsi l'esprit de s'évaporer ; mais, quelle qu'en soit la cause, M. Twigger ne se trouva pas plus tôt devant la porte de Mudfog Hall, qu'il se trouva également dans un état d'ivresse très considérable ; et d'où son style de progression extraordinaire. C'était déjà assez grave, mais, comme si le destin et la fortune avaient conspiré contre Nicholas Tulrumble , M. Twigger, n'ayant pas été pénitent depuis un bon mois civil, s'est mis en tête d'être tout particulièrement et particulièrement sentimental, juste au moment où son repentir pouvait ont été plus commodément supprimés. D'immenses larmes coulaient sur ses joues, et il essayait vainement de cacher sa douleur en appliquant sur ses yeux un mouchoir de coton bleu à pois blancs, article qui ne s'accordait pas strictement avec une armure vieille de trois cents ans. ou à peu près.

« Twigger, espèce de méchant ! dit Nicholas Tulrumble , oubliant complètement sa dignité, "retourne".

«Jamais», dit Ned. « Je suis un misérable. Je ne te quitterai jamais.'

Les spectateurs ont bien sûr reçu cette déclaration par des acclamations : « C'est vrai, Ned ; ne le faites pas!'

«Je n'en ai pas l'intention», dit Ned avec toute l'obstination d'un homme très ivre. «Je suis très malheureux. Je suis le malheureux père d'une famille malheureuse ; mais je suis très fidèle, monsieur. Je ne te quitterai jamais.' Après avoir réitéré cette promesse obligeante, Ned a commencé, en paroles brisées, à haranguer la foule sur le nombre d'années qu'il avait vécu à Mudfog , la respectabilité excessive de son caractère et d'autres sujets de même nature.

'Ici! est-ce que quelqu'un va l'emmener ? dit Nicolas : s'ils viennent me voir après, je les récompenserai bien.

Deux ou trois hommes s'avancèrent, dans l'intention d'emporter Ned, lorsque le secrétaire s'interposa.

'Prends soin de toi! prends soin de toi!' dit M. Jennings. « Je vous demande pardon, monsieur ; mais ils feraient mieux de ne pas trop s'approcher de lui, car s'il tombe, il écrasera certainement quelqu'un.

À ce signe, la foule se retira de tous côtés à une distance très respectueuse, et laissa Ned, comme le duc de Devonshire, dans un petit cercle à lui.

"Mais, M. Jennings", a déclaré Nicholas Tulrumble , "il va être étouffé."

« J'en suis vraiment désolé, monsieur, » répondit M. Jennings ; mais personne ne peut enlever cette armure sans sa propre aide. J'en suis tout à fait certain à la façon dont il l'a mis.

Ici, Ned pleurait tristement et secouait sa tête casquée d'une manière qui aurait pu toucher un cœur de pierre ; mais la foule n'avait pas un cœur de pierre et ils riaient de bon cœur.

« Mon cher monsieur Jennings, dit Nicholas, pâlissant à l'idée que Ned soit enseveli dans son costume antique . Mon cher monsieur Jennings, on ne peut rien faire avec lui ?

«Rien du tout», répondit Ned, «rien du tout. Messieurs, je suis un malheureux. Je suis un corps, messieurs, dans un cercueil de cuivre. À cette idée poétique qu'il avait lui-même imaginée, Ned pleura tellement que les gens commencèrent à sympathiser et à se demander ce que Nicholas Tulrumble voulait dire en mettant un homme dans une telle machine ; et un individu vêtu d'un gilet poilu comme le haut d'une malle, qui avait précédemment exprimé son opinion selon laquelle si Ned n'avait pas été un homme pauvre, Nicolas n'aurait pas osé le faire, a fait allusion à l'opportunité de casser les quatre roues. une chaise, ou la tête de Nicolas, ou les deux, dernière proposition composée que la foule semblait considérer comme une très bonne idée.

Cette question ne fut cependant pas mise en pratique, car elle avait à peine été abordée, que la femme de Ned Twigger apparut brusquement dans le petit cercle avant d'être remarquée, et Ned n'eut pas plus tôt aperçu son visage et sa forme que par simple force d'habitude. il se dirigea vers sa maison aussi vite que ses jambes le pouvaient ; et cela n'a pas non plus été très rapide dans le cas présent, car, si prêts qu'ils aient été à *le porter* , ils ne pouvaient pas très bien s'entendre sous l' armure d'airain . Ainsi, Mme Twigger a eu tout le temps de dénoncer Nicholas Tulrumble en face : d'exprimer son opinion selon laquelle il était un monstre décidé ; et de laisser entendre que, si son mari maltraité subissait des dommages personnels à cause de l' armure de cuivre , elle bénéficierait de la loi de Nicholas Tulrumble pour homicide involontaire. Après avoir dit tout cela avec la véhémence qu'il fallait, elle posta après Ned, qui se traînait de son mieux et déplorait son malheur sur le ton le plus sombre.

Quels gémissements et quels cris les enfants de Ned ont poussé lorsqu'il est enfin rentré à la maison ! Mme Twigger a essayé de défaire l' armure , d'abord à un endroit, puis à un autre, mais elle n'y est pas parvenue ; alors elle a fait tomber Ned dans le lit, avec son casque, son armure , ses gantelets et tout. Un tel craquement que le cadre de lit faisait, sous le poids de Ned dans son nouveau costume ! Mais il n'est pas tombé en panne ; et Ned resta là, comme le navire anonyme dans le golfe de Gascogne, jusqu'au lendemain, buvant de l'eau d'orge et ayant l'air misérable : et chaque fois qu'il gémissait, sa bonne dame disait que cela lui servait bien, ce qui était toute la consolation de Ned Twigger. a obtenu.

Nicholas Tulrumble et le magnifique cortège se dirigèrent ensemble vers l'hôtel de ville, au milieu des sifflements et des gémissements de tous les spectateurs, qui s'étaient soudain mis en tête de considérer le pauvre Ned comme un martyr. Nicolas fut formellement installé dans son nouveau bureau, en guise de remerciement, il prononça lui-même un discours composé par le secrétaire, qui était très long et sans doute très bon, seul le bruit des gens dehors empêchait que personne ne l'entende. mais Nicholas Tulrumble lui-même. Après quoi, le cortège retourna à Mudfog Hall par tous les moyens ; et Nicolas et le groupe se mirent à table pour dîner.

Mais le dîner fut plat et Nicolas fut déçu. C'étaient des vieux gars tellement endormis, cette corporation. Nicholas a fait des discours tout aussi longs que le lord-maire de Londres, voire, il a dit exactement les mêmes choses que le lord-maire de Londres avait dit, et diable les acclamations de la corporation lui ont donné. Il n'y avait qu'un seul homme dans le groupe qui était parfaitement éveillé ; et il était insolent et l'appelait Nick. Pseudo! Quelle serait la conséquence, pensa Nicholas, si quelqu'un prétendait appeler le lord-maire de Londres « Nick ! Il aimerait savoir ce que le porteur de l'épée dirait à cela ; ou le greffier, ou le toast-master, ou tout autre des grands officiers de la ville. Ils le piqueraient.

Mais ce ne sont pas là les pires actes de Nicholas Tulrumble . S'ils l'avaient été, il serait peut-être resté maire jusqu'à ce jour et aurait parlé jusqu'à perdre la voix. Il contracta un goût pour les statistiques et devint philosophique ; et les statistiques et la philosophie ensemble l'ont conduit à un acte qui a accru son impopularité et précipité sa chute.

Tout au bout de Mudfog High-street, et au bord de la rivière, se trouve le Jolly Boatmen, une maison à l'ancienne au toit bas et aux baies vitrées, avec un bar, une cuisine et une salle de robinetterie tout en un. , et une grande cheminée avec une bouilloire pour correspondre, autour de laquelle les ouvriers se sont rassemblés pendant une nuit d'hiver, rafraîchis par des gorgées de bonne bière forte et acclamés par les sons d'un violon et d'un tambourin : les Jolly Boatmen ayant été dûment autorisé par le maire et la corporation, à gratter le violon et à jouer du tambourin de temps en temps, ce dont la mémoire des habitants les plus anciens ne va pas à l'encontre. Or Nicholas Tulrumble avait lu des brochures sur la criminalité et des rapports parlementaires, ou bien il les avait fait lire au secrétaire, ce qui revient au même, et il s'est immédiatement rendu compte que ce violon et ce tambourin avaient dû faire davantage pour démoraliser les gens. Mudfog , que toute autre cause opérationnelle que l'ingéniosité pourrait imaginer. Il s'est donc renseigné sur le sujet et a décidé de s'exprimer sur la société avec éclat, dès la prochaine demande de licence .

Le jour de la délivrance des licences arriva et le propriétaire au visage rouge des Jolly Boatmen entra dans la mairie, l'air aussi joyeux que nécessaire, après avoir en fait mis un violon supplémentaire pour cette nuit-là, pour commémorer l'anniversaire de la licence musicale des Jolly Boatmen . . Elle fut demandée en bonne et due forme, et était sur le point d'être accordée naturellement, lorsque Nicolas Tulrumble se leva et noya la corporation étonnée dans un torrent d'éloquence. Il déclamait en termes élogieux la dépravation croissante de sa ville natale de Mudfog et les excès commis par sa population. Puis il raconta combien il avait été choqué de voir des tonneaux de bière glisser semaine après semaine dans la cave des Jolly Boatmen ; et comment il s'était assis à une fenêtre en face des Jolly Boatmen pendant deux jours entiers, pour compter les gens qui allaient prendre de la bière entre midi et une heure seulement, ce qui, soit dit en passant, était l'heure de la bière. où dînait la grande majorité des habitants de Mudfog . Ensuite, il a poursuivi en expliquant que le nombre de personnes qui sortaient avec des cruches à bière était en moyenne de vingt et un en cinq minutes, ce qui, multiplié par douze, donnait deux cent cinquante-deux personnes avec des cruches à bière en un instant. heure, et multiplié encore par quinze (le nombre d'heures pendant lesquelles la maison était ouverte quotidiennement), cela donnait trois mille sept cent quatre-vingts personnes avec des cruches à bière par jour, ou vingt-six mille quatre cent soixante personnes avec des cruches à bière, par semaine. Puis il démontra que tambourin et dégradation morale étaient des termes synonymes, et que violon et penchants vicieux étaient totalement inséparables. Il renforça et démontra tous ces arguments par de fréquentes références à un grand livre à couverture bleue et par diverses citations des magistrats du Middlesex ; et à la fin, la corporation, qui était posée avec les chiffres, et endormie avec le discours, et malheureusement en manque de dîner par-dessus le marché, céda la palme à Nicholas Tulrumble et refusa la licence musicale aux Jolly Boatmen.

Mais bien que Nicolas ait triomphé, son triomphe fut de courte durée. Il continua la guerre contre les cruches de bière et les violons, oubliant l'époque où il était heureux de boire dans l'un et de danser sur l'autre, jusqu'à ce que les gens le détestent et que ses vieux amis l'évitent. Il se lassait de la magnificence solitaire de Mudfog Hall et son cœur se tournait vers les armes du Briquet. Il regrettait de ne jamais s'être établi comme homme public et regrettait le bon vieux temps du magasin de charbon et du coin de la cheminée.

Enfin, le vieux Nicolas, tout à fait malheureux, reprit courage, paya au secrétaire un quart de salaire à l'avance et l'emmena à Londres par le car suivant. Ayant fait ce pas, il mit son chapeau sur sa tête et sa fierté dans sa poche, et descendit vers l'ancienne chambre du Lighterman's Arms. Il n'y avait là que deux vieux camarades, et ils regardèrent froidement Nicolas tandis qu'il lui tendait la main.

« Allez-vous poser les canalisations, M. Tulrumble ? dit l'un d'eux.

« Ou retracer la progression du crime jusqu'à « bacca ? grogna un autre.

"Ni l'un ni l'autre", répondit Nicholas Tulrumble , en leur serrant la main à tous les deux, qu'ils le veuillent ou non. « Je suis venu vous dire que je suis vraiment désolé de m'être ridiculisé et que j'espère que vous me céderez encore une fois la vieille chaise.

Les vieillards ouvrirent les yeux, et trois ou quatre autres vieillards ouvrirent la porte, à qui Nicolas, les larmes aux yeux, tendit à son tour la main et raconta la même histoire. Ils poussèrent un cri de joie qui fit vibrer à nouveau les cloches de l'ancienne tour de l'église, et faisant rouler la vieille chaise dans le coin chaud, y plongèrent le vieux Nicolas et commandèrent dans le plus grand bol de punch chaud : avec un nombre illimité de tuyaux, directement.

Le lendemain, les Jolly Boatmen obtinrent le permis , et la nuit suivante, la femme du vieux Nicholas et de Ned Twigger entama une danse au son du violon et du tambourin, dont le ton semblait puissamment amélioré par un peu de repos, car ils ne avait joué si joyeusement auparavant. Ned Twigger était au faîte de sa gloire, et il dansait de la cornemuse, des chaises en équilibre sur son menton et des pailles sur son nez, jusqu'à ce que toute la compagnie, y compris la corporation, soit ravie d'admiration devant l'éclat de ses connaissances.

M. Tulrumble , junior, ne pouvait se résoudre à être autre chose que magnifique, alors il monta à Londres et tira des factures sur son père ; et quand il fut à découvert et endetté, il se repentit et revint chez lui.

Quant au vieux Nicolas, il tint parole, et après six semaines de vie publique, il ne s'y essaya plus. Il s'endormit à la mairie dès la séance suivante ; et, en pleine preuve de sa sincérité, nous a demandé d'écrire ce récit fidèle. Nous aimerions que cela ait pour effet de rappeler aux Tulrumbles une autre sphère, que l'orgueil n'est pas la dignité, et que grogner contre les petits plaisirs dont ils étaient autrefois heureux de jouir, parce qu'ils préféraient oublier les moments où ils étaient de niveau inférieur. station, en fait des objets de mépris et de ridicule.

C'est la première fois que nous publions l'un de nos glanages provenant de cette source particulière. Peut-être que, dans le futur, nous nous risquerons à ouvrir les chroniques de Mudfog .

RAPPORT COMPLET DE LA PREMIÈRE RÉUNION DE LA MUDFOGASSOCIATION
POUR L'AVANCEMENT DE TOUT

NOUS avons fait les efforts les plus sans précédent et les plus extraordinaires pour présenter à nos lecteurs un compte rendu complet et précis des débats de la dernière grande réunion de l' Association Mudfog , tenue dans la ville de Mudfog ; c'est pour nous un grand bonheur de leur présenter le résultat, sous la forme de diverses communications reçues de notre correspondant compétent, talentueux et graphique, expressément envoyé à cet effet, qui nous a immortalisés, lui-même, Mudfog et l'association, tous à la fois. Nous sommes en effet depuis quelques jours incapables de déterminer qui transmettra le plus grand nom à la postérité ; nous-mêmes, qui avons envoyé notre correspondant ; notre correspondant, qui a écrit un récit de l'affaire ; ou encore l'association, qui a donné de quoi écrire à notre correspondant. Nous avons plutôt tendance à croire que nous sommes le plus grand homme du parti, dans la mesure où l'idée d'un rapport exclusif et authentique est née de nous ; cela peut être un préjugé : il peut provenir d'une prétention de notre part en notre propre faveur . Qu'il en soit ainsi. Nous ne doutons pas que chaque gentleman concerné dans cette puissante assemblée soit plus ou moins troublé par le même problème ; et c'est pour nous une consolation de savoir que nous avons au moins ce sentiment commun avec les grandes étoiles scientifiques, les luminaires brillants et extraordinaires, dont nous enregistrons les spéculations.

Nous remettons les lettres de nos correspondants dans l'ordre dans lequel elles nous sont parvenues. Toute tentative de les fusionner en un seul bel ensemble ne ferait que détruire ce ton éclatant, cette touche de sauvagerie et cette riche veine d'intérêt pittoresque qui les imprègne partout.

« Mudfog , lundi soir , sept heures .

« NOUS sommes ici dans un état d'excitation extrême. On ne parle que de la prochaine réunion de l'association. Les portes de l'auberge sont remplies de serveurs attendant anxieusement les arrivées attendues ; et les nombreuses affiches qui sont placées aux fenêtres des maisons privées, laissant entendre qu'il y a des lits à louer, donnent aux rues un aspect très animé et très gai, les plaquettes étant d'une grande variété de couleurs et la monotonie des inscriptions imprimées. être soulagé par toutes les tailles et tous les styles d'écriture possibles. On dit avec certitude que les professeurs Snore, Doze et Wheezy ont loué trois lits et un salon au Pig and Tinder-box. Je vous raconte la rumeur telle qu'elle m'est parvenue ; mais je ne peux pas encore garantir son exactitude. Dès que j'aurai pu obtenir des renseignements certains sur ce point intéressant, vous pourrez compter sur leur réception.

' *Sept heures et demie* .

Je REVIENS tout juste d'un entretien personnel avec le propriétaire du Cochon et de l'Amadou. Il parle avec assurance de la probabilité que les professeurs Snore, Doze et Wheezy s'installent chez lui pendant la séance de l'association, mais nie que les lits aient encore été occupés ; dans cette représentation il est confirmé par la femme de chambre, une fille aux manières naïves et à l'apparence intéressante. Les bottes nie qu'il soit probable que les professeurs Snore, Doze et Wheezy s'installent ici ; mais j'ai des raisons de croire que cet homme a été suborné par le propriétaire de l'Original Pig, qui est l'hôtel de l'opposition. Au milieu de témoignages aussi contradictoires, il est difficile de parvenir à la vraie vérité ; mais vous pouvez compter sur la réception d'informations authentiques sur ce point dès que le fait est constaté. L'excitation continue toujours. Un garçon est tombé à travers la vitrine de la pâtisserie au coin de la High-Street il y a environ une demi-heure, ce qui a semé beaucoup de confusion. L'impression générale est qu'il s'agissait d'un accident. Je prie pour que cela se produise !

« *Mardi* , *midi* .

« CE matin, de très bonne heure, les cloches de toutes les églises ont sonné sept heures ; dont l'effet, dans l'état actuel de la ville, était extrêmement singulier. Pendant que j'étais en train de déjeuner, un cabriolet jaune, tiré par un cheval gris foncé, avec une tache blanche sur la paupière droite, se dirigeait d'un pas rapide vers les écuries Original Pig ; on rapporte actuellement que ce monsieur est arrivé ici dans le but de fréquenter l'association, et, d'après ce que j'ai entendu, je considère cela extrêmement probable, bien que l'on ne sache encore rien de décisif à son sujet. Vous pouvez imaginer l'anxiété avec laquelle nous attendons tous l'arrivée du car de quatre heures cet après-midi.

« Malgré l'état d'agitation de la population, aucun outrage n'a encore été commis, grâce à l'admirable discipline et à la discrétion de la police, qu'on ne voit nulle part. Un orgue de Barbarie joue devant ma fenêtre et des groupes de personnes, proposant du poisson et des légumes à la vente, défilent dans les rues. À ces exceptions près, tout est calme et j'espère que cela continuera.

« *Cinq heures* .

Il EST maintenant établi, sans aucun doute, que les professeurs Snore, Doze et Wheezy ne se rendront *pas* au Cochon et à Tinder-box, mais qu'ils ont en fait loué des appartements au Cochon Originel. Cette intelligence est *exclusive* ; et je vous laisse, ainsi qu'à vos lecteurs, en tirer leurs propres conclusions. Pourquoi le professeur Wheezy, entre tous les peuples du monde, devrait-il se tourner vers le cochon original plutôt que vers le cochon et la boîte à amadou, ce n'est pas facile à concevoir. Le professeur est un homme qui doit être au-dessus de tous ces sentiments mesquins. Certaines personnes ici imputent ouvertement une trahison et un manque de foi évident aux professeurs Snore et Doze ; tandis que d'autres, encore une fois, sont disposés à les acquitter de toute culpabilité dans la transaction et à insinuer que la faute en incombe uniquement au professeur Wheezy. J'avoue que j'incline à cette dernière opinion ; et bien que cela me fasse beaucoup de peine de parler en termes de censure ou de désapprobation à l'égard d'un homme d'un génie et de connaissances aussi transcendantes, je suis néanmoins obligé de dire que, si mes soupçons sont fondés et si tous les rapports qui sont parvenus à mes oreilles soit vrai, je ne sais vraiment pas trop quoi en penser.

'M. Slug, si célèbre pour ses recherches statistiques, est arrivé cet après-midi vers seize heures. Son teint est violet foncé et il a l'habitude de soupirer constamment. Il avait l'air extrêmement bien et semblait en bonne santé et de bonne humeur. M. Woodensconce est également descendu dans le même véhicule. Le distingué gentleman dormait profondément à son arrivée, et le garde m'informe qu'il l'a été pendant tout le trajet. Il se préparait sans doute à ses prochaines fatigues ; mais quelles visions gigantesques doivent être celles qui traversent le cerveau d'un tel homme quand son corps est en torpeur !

« L'afflux de visiteurs augmente à chaque instant. On me dit (je ne sais si c'est exact) que deux chaises de poste sont arrivées au Cochon Originel dans la dernière demi-heure, et j'ai moi-même observé une brouette, contenant trois sacs de tapis et un paquet, entrer dans la cour du Cochon et Depuis, il n'y a pas plus de cinq minutes qu'il s'agit de Tinderbox. Les gens continuent tranquillement à vaquer à leurs occupations ordinaires ; mais il y a une sauvagerie dans leurs yeux et une rigidité inhabituelle dans les muscles de leur visage, qui montrent au spectateur observateur que leurs attentes sont tendues à l'extrême. Je crains, à moins d'arrivées très extraordinaires ce soir, que des conséquences ne naissent de cette fermentation populaire, que tout homme sensé et sensible déplorerait.

« *Six heures vingt minutes* .

« Je VIENS d'apprendre que le garçon qui est tombé par la fenêtre du pâtissier la nuit dernière est mort de peur. Il fut soudainement appelé à payer trois et six pence pour les dommages causés, et sa constitution, semble-t-il, n'était pas assez forte pour résister au choc. L'enquête, dit-on, aura lieu demain.

« *Les trois quarts de la septième partie* .

« LES PROFESSEURS Muff et Nogo viennent de se diriger vers la porte de l'hôtel ; ils commandèrent aussitôt à dîner avec beaucoup de condescendance. Nous sommes tous très enchantés de l'urbanité de leurs manières et de la facilité avec laquelle ils s'adaptent aux formes et aux cérémonies de la vie ordinaire. Dès leur arrivée, ils envoyèrent chercher le maître d'hôtel et lui demandèrent en privé d'acheter un chien vivant, le plus bon marché possible, et de l'envoyer après le dîner avec une planche à tarte, un couteau et fourchette et une assiette propre. On suppose que quelques expériences seront tentées sur le chien ce soir ; s'il y a des détails, je les transmettrai par exprès.

' *Huit heures et demie* .

" L' animal a été récupéré. C'est un chien carlin, d'apparence plutôt intelligente, en bonne condition physique, et aux pattes très courtes. Il a été attaché à une pince à rideau dans une pièce sombre et il hurle terriblement.

« *Neuf heures moins dix* .

« LE chien vient d'être sonné. Avec un instinct qui semblerait presque le résultat de la raison, l'animal sagace saisit le garçon par le mollet lorsqu'il s'approchait pour le prendre, et opposa une résistance désespérée, quoique inefficace. Je n'ai pas pu obtenir l'entrée dans l'appartement occupé par les savants ; mais, à en juger par les bruits qui parvinrent à mes oreilles lorsque je me trouvai tout à l'heure sur le palier devant la porte, je serais disposé à dire que le chien s'était retiré en grognant sous quelque meuble et tenait les professeurs à distance. . Cette conjecture est confirmée par le témoignage du palefrenier, qui, après avoir jeté un coup d'œil par le trou de la serrure, m'assure avoir vu distinctement le professeur Nogo à genoux, tendant une petite bouteille d'acide prussique, à laquelle l'animal, accroupi sous un fauteuil, refusait obstinément de sentir. Vous ne pouvez pas imaginer l'état fiévreux d'irritation dans lequel nous nous trouvons, de peur que les intérêts de la science ne soient sacrifiés aux préjugés d'une créature brute, qui n'est pas douée d'assez de sens pour prévoir les avantages incalculables que le genre humain tout entier peut tirer de tant de choses. une légère concession de sa part.

' *Neuf heures* .

« LA queue et les oreilles du chien ont été envoyées en bas pour être lavées ; de quoi nous déduisons que l'animal n'est plus. Ses pattes antérieures ont été livrées aux bottes pour être brossées, ce qui renforce la supposition.

« *Dix heures et demie* .

« MES sentiments sont tellement submergés par ce qui s'est passé au cours de la dernière heure et demie, que j'ai à peine la force de détailler la succession rapide des événements qui ont complètement déconcerté tous ceux qui sont au courant de leur événement. Il paraît que le carlin mentionné dans mon dernier a été obtenu subrepticement, — volé, en fait, — par une personne attachée au département des écuries, à une dame célibataire résidant dans cette ville. Frénétique en apprenant la perte de son favori , la dame s'est précipitée distraitement dans la rue, appelant de la manière la plus déchirante et la plus pathétique aux passagers de la rendre, elle, son Auguste, - car ainsi le défunt était nommé, en souvenir affectueux d'un ancien amant de sa maîtresse, avec laquelle il avait une ressemblance personnelle frappante, ce qui rend les circonstances encore plus touchantes. Je ne suis pas encore en état de vous dire quelle circonstance a poussé la dame endeuillée à se diriger vers l'hôtel qui avait été témoin des derniers combats de son *protégé* . Je peux seulement affirmer qu'elle y est arrivée, à l'instant même où ses membres détachés traversaient le couloir sur un petit plateau. Ses cris résonnent encore dans mes oreilles ! J'ai le regret de dire que les traits expressifs du professeur Muff ont été très égratignés et lacérés par la dame blessée ; et que le professeur Nogo , en plus d'avoir subi plusieurs morsures graves, a perdu quelques poignées de cheveux pour la même cause. Cela doit être une certaine consolation pour ces messieurs de savoir que leur attachement ardent aux activités scientifiques a à lui seul occasionné ces conséquences désagréables ; pour lequel la sympathie d'un pays reconnaissant les récompensera suffisamment. La malheureuse dame reste au Cochon et à l'Amadou, et jusqu'à présent elle est signalée dans un état très précaire.

« J'ai à peine besoin de vous dire que cette catastrophe inattendue a jeté sur nous une humidité et une tristesse au milieu de notre exaltation ; naturel en tout cas, mais grandement renforcé en cela par les qualités aimables de l'animal décédé, qui semble avoir été très et à juste titre respecté par l'ensemble de sa connaissance.

' *Douze heures* .

« Je PROFITE de la dernière occasion avant de sceller mon colis pour vous informer que le garçon qui est tombé à travers la fenêtre du pâtissier n'est pas mort, comme on le croyait universellement, mais bel et bien vivant. Le signalement semble avoir son origine dans sa mystérieuse disparition. Il a été retrouvé il y a une demi-heure chez un marchand de friandises, où avait été annoncé un tirage au sort pour un bonnet en peau de phoque et un tambourin d'occasion ; et où — un nombre suffisant de membres n'ayant pas été obtenu d'abord — il avait patiemment attendu que la liste fût complétée. Cette heureuse découverte a en quelque sorte rendu notre gaieté et notre gaieté. Il est proposé de lui souscrire sans délai un abonnement.

« Tout le monde est nerveusement anxieux de voir ce que demain apportera. Si quelqu'un devait arriver dans la nuit, j'ai laissé des instructions strictes pour qu'on l'appelle immédiatement. J'aurais effectivement dû m'asseoir, mais les événements troublants de cette journée ont été trop durs pour moi.

« Pas encore de nouvelles des professeurs Snore, Doze ou Wheezy. C'est très étrange!'

' *Mercredi après midi* .

« TOUT est maintenant fini ; et, sur un point au moins, je suis enfin en mesure de rassurer l'esprit de vos lecteurs. Les trois professeurs arrivèrent à deux heures dix minutes et, au lieu de prendre leurs quartiers à l'Original Pig, comme il était universellement entendu au cours de la veille qu'ils l'auraient certainement fait, se dirigèrent directement vers le Pig and Tinder. -boîte, où ils jetèrent aussitôt le masque et annoncèrent ouvertement leur intention de rester. Le professeur Wheezy peut concilier cette conduite très extraordinaire avec *ses* notions d'utilisation juste et équitable, mais je recommanderais au professeur Wheezy d'être prudent quant à la façon dont il présume trop loin de sa réputation bien méritée. Comment un homme comme le professeur Snore, ou, ce qui est encore plus extraordinaire, un individu comme le professeur Doze, peut-il se laisser mêler tranquillement à de telles démarches, vous vous demanderez naturellement. Sur ce point, la rumeur est silencieuse ; J'ai mes spéculations, mais abstenez-vous de les exprimer pour l'instant.

' *Quatre heures* .

« LA ville se remplit vite ; dix-huit pence ont été offerts pour un lit et refusés. Plusieurs messieurs ont été obligés la nuit dernière de dormir dans les champs de briques et sur les marches des portes, ce pour quoi ils ont été conduits en corps devant les magistrats ce matin, et incarcérés comme vagabonds pour diverses peines. L'une de ces personnes, je crois, est un bricoleur très respectable, d'une grande habileté pratique, qui avait envoyé un document au président de la section D. Science mécanique, sur la construction de pipkins avec des fonds en cuivre et des valeurs de sécurité, dont le rapport parle hautement. L'incarcération de ce monsieur est grandement regrettable, car son absence empêchera toute discussion sur le sujet.

« Les factures diminuent dans toutes les directions et les logements sont assurés à presque toutes les conditions. J'ai entendu parler de quinze shillings par semaine pour deux chambres, sans compter le charbon et la fréquentation, mais j'ai du mal à y croire. L'excitation est terrible. J'ai été informé ce matin que les autorités civiles, craignant quelque éclatement du sentiment populaire, avaient ordonné de mettre sous les armes un sergent recruteur et deux caporaux ; et que, afin de ne pas irriter inutilement les gens par leur présence, ils avaient été priés de prendre position avant le point du jour sur une autoroute à péage, distante d'environ un quart de mille de la ville. On ne saurait trop vanter la vigueur et la rapidité de ces mesures.

« On vient de m'apprendre qu'une femme âgée, en état d'ébriété, a déclaré en pleine rue son intention de « faire » pour M. Slug. Quelques relevés statistiques compilés par ce monsieur, relatifs à la consommation des liqueurs brutes en ce lieu, sont censés être la cause de l'animosité de ce misérable. On ajoute que cette déclaration fut vivement acclamée par une foule de personnes rassemblées sur place ; et cet homme a eu l'audace de désigner à haute voix M. Slug par l'épithète opprobre de « Stick-in-the-mud ! » Il faut sincèrement espérer que maintenant, lorsque le moment sera venu de leur intervention, les magistrats ne reculeront pas devant l'exercice du pouvoir qui leur est conféré par la constitution de notre pays commun.

' *Dix heures trente* .

« LES troubles, je suis heureux de vous l'informer, ont été complètement réprimés et le meneur a été arrêté. Elle s'est fait jeter un seau d'eau froide sur elle, avant d'être enfermée, et exprime une grande contrition et un grand malaise. Nous sommes tous dans une fièvre d'anticipation du lendemain ; mais, maintenant que nous sommes à quelques heures de la réunion de l'association, et que nous jouissons enfin de la fière conscience de compter parmi nous ses illustres membres, j'espère et j'espère que tout se passera paisiblement. Je vous enverrai un rapport complet des débats de demain par la voiture de nuit.

' *Onze heures* .

« J'ouvre MA lettre pour dire que rien ne s'est passé depuis que je l'ai pliée.

' *Jeudi* .

« LE soleil s'est levé ce matin à l'heure habituelle. Je n'ai rien observé de particulier dans l'aspect de la glorieuse planète, sauf qu'elle m'a semblé (c'était peut-être une illusion de mon imagination exacerbée) briller d'un éclat plus que commun et jeter un éclat éclatant sur la ville. comme je n'en avais jamais observé auparavant. C'est d'autant plus extraordinaire que le ciel était parfaitement sans nuages et l'atmosphère particulièrement belle. A neuf heures et demie, le comité général se réunit, sous la présidence du président de l'année dernière. Le rapport du conseil fut lu ; et un passage, qui déclarait que le conseil avait correspondu avec pas moins de trois mille cinq cent soixante et onze personnes (qui payaient toutes leurs propres frais de port) sur pas moins de sept mille deux cent quarante-trois sujets, était reçu avec un degré d'enthousiasme qu'aucun effort ne pouvait réprimer. Les divers comités et sections ayant été nommés et les affaires plus formelles réglées, les grands travaux de la réunion commencèrent à onze heures précises. J'ai eu le bonheur d'occuper un poste des plus éligibles à cette époque, dans

' **SECTION A.— ZOOLOGIE ET BOTANIQUE** .

GRANDE CHAMBRE, COCHON ET BAC À AUMAIN.

Président — Professeur Snore. *Vice-présidents* — Professeurs Doze et Wheezy.

« La scène à ce moment était particulièrement frappante. Le soleil pénétrait à flots à travers les fenêtres des appartements et teintait le tout de ses rayons brillants, faisant ressortir avec un fort relief les nobles visages des professeurs et des scientifiques, qui, les uns chauves, les autres roux, les autres bruns. des têtes, certaines à tête grise, d'autres à tête noire, d'autres à tête carrée, ont présenté un *coup d'œil* qu'aucun témoin oculaire n'oubliera facilement. Devant ces messieurs étaient des papiers et des encriers ; et autour de la pièce, sur des bancs élevés s'étendant aussi loin que pouvaient atteindre les formes, se rassemblait un brillant concours de ces femmes charmantes et élégantes pour lesquelles Mudfog est à juste titre reconnu comme étant sans rivale dans le monde entier. Je ne cesserai jamais de me souvenir du contraste entre leurs visages blonds et les manteaux et pantalons sombres des hommes scientifiques pendant que Memory occupe son siège.

« Le temps ayant laissé se dissiper une légère confusion, occasionnée par l'effondrement de la plupart des estrades, le président a demandé à l'un des secrétaires de lire une communication intitulée : « Quelques remarques sur les puces industrieuses, avec des considérations sur l'importance de créer des écoles maternelles parmi cette classe nombreuse de la société ; de diriger leur industrie vers des fins utiles et pratiques ; et d'utiliser les fruits excédentaires de ceux-ci, pour leur assurer un entretien confortable et respectable dans leur vieillesse.

« L'auteur a déclaré qu'après avoir longtemps porté son attention sur la condition morale et sociale de ces animaux intéressants, il avait été incité à visiter une exposition à Regent-street, à Londres, communément connue sous le nom de « Les puces industrieuses ». Il y avait vu beaucoup de puces, occupées certes à diverses activités et occupations, mais occupées, devait-il ajouter, d'une manière qu'aucun homme à l'esprit bien réglé ne pouvait manquer de considérer avec tristesse et regret. Une puce, réduite au niveau d'une bête de somme, dessinait autour d'un cabriolet miniature, contenant une effigie particulièrement petite de Sa Grâce le duc de Wellington ; tandis qu'un autre chancelait sous le poids d'un modèle en or de son grand adversaire Napoléon Bonaparte. Certains, élevés comme saltimbanques et danseurs de ballet, exécutaient une danse de figures (il regretta de remarquer que parmi les puces ainsi employées, plusieurs étaient des femelles) ; d'autres s'entraînaient, dans une petite boîte en carton, pour piétons, simples personnages sportifs, et deux se livraient effectivement à l'occupation froide et barbare du duel ; une poursuite devant laquelle l'humanité reculait avec horreur et dégoût. Il suggéra que des mesures soient immédiatement prises pour employer le travail de ces puces comme partie intégrante de la force productive du pays, ce qui pourrait facilement être fait par l'établissement parmi elles d'écoles maternelles et de maisons d'industrie, dans lesquelles un système de une éducation vertueuse, basée sur des principes sains, doit être observée et des préceptes moraux strictement inculqués. Il proposa que toute puce qui prétendrait exposer, contre rémunération, de la musique ou de la danse, ou toute espèce de divertissement théâtral, sans licence , soit considérée comme un vagabond et traitée en conséquence ; à cet égard, il l'a seulement placé au niveau du reste de l'humanité. Il suggérerait en outre que leur travail soit placé sous le contrôle et la réglementation de l'État, qui devrait créer, outre les bénéfices, un fonds pour le soutien des puces retraitées ou invalides, de leurs veuves et de leurs orphelins. Dans cette optique, il proposa que des primes libérales soient offertes pour les trois meilleurs modèles d'hospice général ; d'où, comme on savait que l'architecture des insectes était dans un état très avancé et parfait, nous pourrions peut-être tirer de nombreuses indications précieuses pour l'amélioration de nos universités métropolitaines, de nos galeries nationales et d'autres édifices publics.

" LE PRÉSIDENT désirait savoir comment l'ingénieux gentleman se proposait d'ouvrir d'abord une communication avec les puces en général, afin qu'elles soient pleinement imprégnées du sentiment des avantages qu'elles doivent nécessairement tirer d'un changement de mode de vie, et s'appliquant à un travail honnête . C'était là, à ses yeux, la seule difficulté.

" L'AUTEUR a soutenu que cette difficulté était facilement surmontée, ou plutôt qu'il n'y avait aucune difficulté dans cette affaire. De toute évidence, la solution à suivre, si le gouvernement de Sa Majesté pouvait être convaincu d'adopter le plan, serait d'assurer, moyennant un salaire rémunérateur, l'individu auquel il a fait allusion comme présidant l'exposition à Regent-street à l'époque de sa visite. Ce gentleman serait immédiatement capable de se mettre en communication avec la masse des puces et de les instruire selon un plan général d'éducation, qui serait sanctionné par le Parlement, jusqu'à ce que les plus intelligents d'entre eux soient suffisamment avancés. pour officier comme enseignants auprès des autres.

« Le président et plusieurs membres de la section ont hautement complimenté l'auteur du journal lu en dernier lieu pour son traité le plus ingénieux et le plus important. Il a été décidé que le sujet devrait être recommandé à l'examen immédiat du conseil.

" M. WIGSBY a produit un chou-fleur un peu plus gros qu'une chaise-parapluie, qui n'avait été cultivé par aucun autre moyen artificiel que la simple application d'eau gazeuse hautement gazeuse comme fumier. Il expliqua qu'en arrachant la tête, ce qui fournirait une nouvelle et délicieuse espèce de nourriture aux pauvres, on obtenait immédiatement un parachute, en principe quelque chose de semblable à celui construit par M. Garnerin ; la tige étant bien entendu maintenue vers le bas. Il ajouta qu'il était parfaitement disposé à faire une descente d'une hauteur d'au moins trois milles et quart ;

et en fait, il avait déjà proposé la même chose aux propriétaires de Vauxhall Gardens, qui, de la manière la plus élégante, consentirent immédiatement à ses souhaits et fixèrent un premier jour pour l'été prochain pour l'entreprise ; stipulant simplement que le bord du chou-fleur doit être préalablement cassé en trois ou quatre endroits pour assurer la sécurité de la descente.

LE PRÉSIDENT a félicité le public pour le *grand gala* qui lui était réservé et a chaleureusement fait l'éloge des propriétaires de l'établissement mentionné, pour leur amour de la science et leur souci de la sécurité de la vie humaine, ce qui leur a fait le plus grand honneur .

« Un député a souhaité savoir avec combien de milliers de lampes supplémentaires la propriété royale serait éclairée la nuit qui suivrait la descente.

» M. WIGSBY répondit que le point n'était pas encore définitivement décidé ; mais il croyait qu'on proposait, en plus des illuminations ordinaires, d'exposer dans divers appareils huit millions et demi de lampes supplémentaires.

« Le député s'est dit très satisfait de cette annonce.

» M. BLUNDERUM a enchanté la section avec un article très intéressant et précieux « sur les derniers moments du savant cochon », qui a produit une très forte impression sur l'assemblée, le récit étant compilé à partir des souvenirs personnels de son serviteur préféré . Le récit indiquait dans les termes les plus catégoriques que le nom de l'animal n'était pas Toby, mais Salomon ; et prouvait clairement qu'il ne pouvait avoir aucun proche parent dans la profession, comme l'avaient faussement déclaré de nombreuses personnes intrigantes, dans la mesure où son père, sa mère, ses frères et ses sœurs avaient tous été victimes du boucher à différentes époques. En effet, un de ses oncles avait été, au prix de très grands efforts , retrouvé dans une étable de Somers Town ; mais comme il était alors dans un état très infirme, atteint de rougeole, et qu'il disparut peu après, il y avait trop de raisons de supposer qu'il avait été transformé en saucisses. Le mal du porc érudit était à l'origine un rhume sévère, qui, aggravé par une indulgence excessive, s'installait finalement dans les poumons et se terminait par une décadence générale de la constitution. Un exemple mélancolique du pressentiment qu'avait l'animal de sa dissolution prochaine a été enregistré. Après avoir gratifié une société nombreuse et à la mode de ses performances, dans lesquelles aucune chute n'était visible, il fixa ses yeux sur le biographe et, se tournant vers la montre qui gisait par terre et sur laquelle il avait l'habitude de montrer le heure, passa délibérément son museau deux fois autour du cadran. Vingt-quatre heures exactement après ce moment-là, il avait cessé d'exister !

professeur WHEEZY a demandé si, avant sa disparition, l'animal avait exprimé, par des signes ou autrement, des souhaits concernant la disposition de son petit bien.

» M. BLUNDERUM répondit que, lorsque le biographe prenait le jeu de cartes à la fin de la représentation, l'animal grognait plusieurs fois de manière significative et hochait la tête comme il avait l'habitude de le faire lorsqu'il était satisfait. De ces gestes on comprenait qu'il souhaitait que le préposé garde les cartes, ce qu'il avait toujours fait depuis. Il n'avait exprimé aucun souhait concernant sa montre, qui avait donc été mise en gage par le même individu.

LE PRÉSIDENT souhaite savoir si un membre de la section a déjà vu ou conversé avec la dame au visage de cochon, qui aurait porté un masque de velours noir et aurait pris ses repas dans une auge dorée.

"Après quelques hésitations, un député a répondu que la dame au visage de cochon était sa belle-mère et qu'il était convaincu que le président ne violerait pas le caractère sacré de la vie privée.

" LE PRÉSIDENT a demandé pardon. Il avait considéré la dame au visage de cochon comme un personnage public. L' honorable député s'opposerait-il à ce qu'on précise, dans l'intérêt du progrès de la science, si elle a un quelconque lien avec le savant porc ?

«Le député a répondu sur le même ton bas que, comme la question semblait impliquer un soupçon que le savant cochon pourrait être son demi-frère, il devait refuser d'y répondre.

' SECTION B. — ANATOMIE ET MÉDECINE .

COCH-HOUSE, COCHON ET AMADO.

Président — Dr. Toorell . *Vice-présidents* — Professeurs Muff et Nogo .

Le DR KUTANKUMAGEN (de Moscou) a lu à la section le rapport d'un cas survenu dans son propre cabinet, illustrant de manière frappante le pouvoir de la médecine, comme en témoigne son traitement réussi d'une maladie virulente. Il avait été appelé pour rendre visite au patient le 1er avril 1837. Il souffrait alors de symptômes particulièrement alarmants pour tout médecin. Sa silhouette était forte et musclée, sa démarche ferme et élastique, ses joues charnues et rouges, sa voix forte, son bon appétit, son pouls plein et rond. Il avait l'habitude constante de manger trois repas *par jour* et de boire au moins une bouteille de vin et un verre de liqueurs spiritueuses diluées avec de l'eau, au cours des vingt-quatre heures. Il riait constamment, et d'une manière si chaleureuse qu'il était terrible de l'entendre. Grâce à des médicaments puissants, à une alimentation réduite et à des saignements, les symptômes ont sensiblement diminué en trois jours. Une persévérance rigide dans le même traitement pendant une semaine seulement, accompagnée de petites doses de gruau d'eau, de bouillon faible et d'eau d'orge, a conduit à leur disparition complète. Au bout d'un mois, il fut suffisamment rétabli pour être transporté en bas par deux infirmières et pouvoir s'aérer dans une voiture fermée, soutenue par des oreillers moelleux. À l'heure actuelle, il était rétabli jusqu'à pouvoir se promener, avec le léger secours d'une béquille et d'un garçon. Il serait peut-être agréable pour la section d'apprendre qu'il mangeait peu, buvait peu, dormait peu et qu'on ne l'entendait jamais rire, par quelque accident que ce soit.

' DR . WR FEE , en félicitant l' honorable membre pour la guérison triomphale qu'il avait opérée , a prié de demander si le patient saignait encore abondamment ?

" LE DR KUTANKUMAGEN a répondu par l'affirmative.

' DR . WR FEE . — Et vous avez constaté qu'il saignait abondamment pendant toute la durée du trouble ?

« DR KUTANKUMAGEN . — Oh mon Dieu, oui ; le plus librement.

LE DR Neeshawts SUPPOSAIT que si le patient ne s'était pas soumis au saignement avec beaucoup de volonté et de persévérance, une guérison aussi extraordinaire n'aurait jamais pu être accomplie. Le Dr Kutankumagen est revenu, certainement pas.

' M. KNIGHT BELL (MRCS) a exposé une préparation en cire de l'intérieur d'un homme qui, dans sa jeunesse, avait avalé par inadvertance une clé de porte. C'était un fait curieux qu'un étudiant en médecine aux habitudes dissipées, présent à l' examen *post mortem* , trouva le moyen de s'échapper de la pièce sans être remarqué, avec cette partie des parois de l'estomac sur laquelle un modèle exact de l'instrument était distinctement imprimé. , avec lequel il courut chez un serrurier de caractère douteux, qui fabriqua une nouvelle clé d'après le modèle ainsi montré. Avec cette clé, l'étudiant en médecine est entré dans la maison du défunt et a commis un cambriolage d'une somme importante, pour lequel il a ensuite été jugé et exécuté.

» LE PRÉSIDENT désirait savoir ce qu'était devenue la clé originale après des années. M. Knight Bell répondit que ce monsieur avait toujours été très habitué au punch, et qu'on supposait que l'acide l'avait progressivement dévoré.

Le DR NEESHAWTS et plusieurs membres étaient d'avis que la clé devait rester très froide et lourde sur le ventre de l'homme.

" M. KNIGHT BELL le croyait au début. Il était peut-être intéressant de remarquer que, depuis quelques années, le monsieur était tourmenté par un cauchemar sous l'influence duquel il se voyait toujours comme une porte de cave à vin.

Le PROFESSEUR MUFF a rapporté une preuve très extraordinaire et convaincante de la merveilleuse efficacité du système de doses infinitésimales, dont la section savait sans doute qu'elle était basée sur la théorie selon laquelle la plus petite quantité d'un médicament donné, correctement dispersée dans le corps humain, produire exactement le même résultat qu'une très forte dose administrée de la manière habituelle. Ainsi, la quarantième partie d'un grain de calomel était censée être égale à une pilule de calomel à cinq grains, et ainsi de suite proportionnellement dans toute la gamme des médicaments. Il avait tenté l'expérience d'une manière curieuse sur un publicain amené à l'hôpital avec une tête cassée et guéri par le système infinitésimal en l'espace incroyablement court de trois mois. Cet homme était un gros buveur. Il (le professeur Muff) avait dispersé trois gouttes de rhum dans un seau d'eau et avait demandé à l'homme de boire le tout. Quel a été le résultat ? Avant d'en avoir bu un litre, il était dans un état d'ivresse bestiale ; et cinq autres hommes furent ivres à mort avec le reste.

» LE PRÉSIDENT désirait savoir si une dose infinitésimale d'eau gazeuse les aurait récupérés ? Le professeur Muff répondit que la vingt-cinquième partie d'une cuillère à café, correctement administrée à chaque patient, l'aurait immédiatement dégrisé. Le président a fait remarquer qu'il s'agissait d'une découverte des plus importantes et il espérait que le lord-maire et la cour des échevins la fréquenteraient immédiatement.

"Un député a demandé s'il serait possible d'administrer, par exemple, la vingtième partie d'un grain de pain et de fromage à tous les adultes pauvres, et la quarantième partie aux enfants, avec le même effet satisfaisant que leur allocation actuelle. .

» LE PROFESSEUR MUFF était prêt à miser sa réputation professionnelle sur la parfaite adéquation d'une telle quantité de nourriture au soutien de la vie humaine – dans les ateliers ; l'ajout d'un quinzième de grain de pudding deux fois par semaine en ferait un régime alimentaire élevé.

» LE PROFESSEUR NOGO a attiré l'attention de la section sur un cas très extraordinaire de magnétisme animal. Un gardien privé, simplement observé par l'opérateur de l'autre côté d'une large rue, fut immédiatement observé dans un état très somnolent et languissant. Il fut suivi jusqu'à sa loge, et après s'être légèrement frotté la paume des mains, il tomba dans un profond sommeil, dans lequel il resta sans interruption pendant dix heures.

' SECTION C. — STATISTIQUES .

GRENIER À FOIN, COCHON ORIGINAL.

Président — M. Applique en bois . *Vice-présidents* —M. Ledbrain et M. Timbered.

" M. SLUG a exposé à la section le résultat de certains calculs qu'il avait faits avec beaucoup de difficulté et de travail , concernant l'état de l'éducation infantile parmi les classes moyennes de Londres. Il découvrit que, dans un cercle de trois milles autour de l'Elephant and Castle, se trouvaient les noms et numéros suivants des livres pour enfants principalement en circulation :

'Jack le tueur de géants	7 943
Idem et tige de haricot	8 621
Idem et onze frères	2 845
Idem et Jill	1 998
Total	21 407

« Il a constaté que la proportion de Robinson Crusoé par rapport à Philip Quarlls était de quatre et demi pour un ; et que la prépondérance de Valentine et Orsons sur Goody Two Shoeses était de trois et huitième du premier pour la moitié d'un du second ; une comparaison de Seven Champions avec Simple Simons a donné le même résultat. L'ignorance qui régnait était lamentable. Un enfant, lorsqu'on lui a demandé s'il préférerait être saint Georges d'Angleterre ou un respectable marchand de suif, a immédiatement répondu : « Taint George of Ingling ». Un autre, un petit garçon de huit ans, s'est avéré fermement impressionné par la croyance en l'existence des dragons et a déclaré ouvertement que son intention, lorsqu'il serait grand, se précipiterait l'épée à la main pour délivrer les princesses captives. , et le massacre promiscuité des géants. Pas un seul enfant parmi les enfants interrogés n'avait jamais entendu parler de Mungo Park ; certains se demandaient s'il avait un quelconque lien avec l'homme noir qui avait balayé le passage ; et d'autres s'il avait un quelconque lien de parenté avec Regent's Park. Ils n'avaient pas la moindre conception des principes mathématiques les plus courants et considéraient Sindbad le marin comme le voyageur le plus entreprenant que le monde ait jamais produit.

"Un député désapprouvant fortement l'utilisation de tous les autres livres mentionnés, a suggéré que Jack et Jill pourraient peut-être être exemptés de la censure générale, dans la mesure où le héros et l'héroïne, dès le début du conte, étaient représentés gravissant *une* colline. aller chercher un seau d'eau, ce qui était une occupation laborieuse et utile, à supposer, par exemple, qu'on lave le linge de la famille.

" M. SLUG craignait que l'effet moral de ce passage ne soit plus que contrebalancé par un autre dans une partie ultérieure du poème, dans laquelle une allusion très grossière était faite à la manière dont l'héroïne était personnellement réprimandée par sa mère.

« Pour avoir ri du désastre de Jack ; »

d'ailleurs, toute l'œuvre avait ce grand défaut, *ce n'était pas vrai* .

« LE PRÉSIDENT a félicité l' honorable membre pour l'excellente distinction qu'il a obtenue. Plusieurs autres députés ont également insisté sur la nécessité immense et urgente de stocker dans l'esprit des enfants uniquement des faits et des chiffres ; ce processus que le président a remarqué avec beaucoup de force, avait fait d'eux (la section) les hommes qu'ils étaient.

» M. SLUG a ensuite exposé quelques curieux calculs concernant les tumulus de viande de chien de Londres. Il constata que le nombre total de petites charrettes et de brouettes occupées à distribuer des provisions aux chats et aux chiens de la métropole était de mille sept cent quarante-trois. Le nombre moyen de brochettes livrées quotidiennement avec la nourriture, par chaque charrette à viande de chien ou brouette, était de trente-six. Or, en multipliant le nombre de brochettes ainsi livrées par le nombre de brouettes, on obtiendrait un total de soixante-deux mille sept cent quarante-huit brochettes par jour. En admettant que, sur ces soixante-deux mille sept cent quarante-huit brochettes, les deux mille sept cent quarante-huit aient été accidentellement dévorées avec la viande, par le plus vorace des animaux fournis, il s'ensuit que soixante mille brochettes par jour, soit le nombre énorme de vingt et un millions neuf cent mille brochettes par an, étaient gaspillées dans les chenils et les terriers de Londres ; qui, s'il était collecté et stocké, fournirait dans dix ans une masse de bois plus que suffisante pour la construction d'un navire de guerre de premier ordre destiné à l'usage de la marine de Sa Majesté, qui serait appelé « The Royal Skewer », et devenir sous ce nom la terreur de tous les ennemis de cette île.

" MX LEDBRAIN a lu une communication très ingénieuse, d'où il ressortait que le nombre total de jambes appartenant à la population industrielle d'une grande ville du Yorkshire était, en chiffres ronds, de quarante mille, tandis que le nombre total de chaises et de tabourets Il n'y avait que trente mille sièges dans leurs maisons, ce qui, sur la moyenne très favorable de trois pieds par siège, ne donnait que dix mille sièges en tout. De ce calcul, il semblerait , sans tenir compte des jambes en bois ou en liège, mais en accordant deux jambes à chaque personne, que dix mille individus (la moitié de la population totale) étaient soit dépourvus de tout repos pour leurs jambes à ou passaient la totalité de leur temps libre assis sur des caisses.

' SECTION D. — SCIENCE MÉCANIQUE .

COACH-HOUSE, COCHON ORIGINAL.

Président — M. Charretier. *Vice-présidents* — M. Truck et M. Waghorn.

Le PROFESSEUR QUEERSPECK a exposé un modèle élégant de chemin de fer portatif, soigneusement monté dans un étui vert, pour la poche de son gilet. En attachant ce bel instrument à ses bottes, n'importe quel employé de banque ou de bureau public pourrait se transporter de son lieu de résidence à son lieu d'affaires, au rythme facile de soixante-cinq milles à l'heure, ce qui, pour les messieurs sédentaires, serait un avantage incalculable.

« LE PRÉSIDENT désirait savoir s'il était nécessaire d'avoir une surface plane sur laquelle le monsieur devait courir.

Le PROFESSEUR QUEERSPECK a expliqué que les messieurs de la ville couraient dans les trains, étant menottés ensemble pour éviter toute confusion ou tout désagrément. Par exemple, les trains partiraient chaque matin à huit, neuf et dix heures, de Camden Town, Islington, Camberwell, Hackney et de divers autres endroits où les gentlemen de la ville ont l'habitude de résider. Il faudrait un niveau, mais il avait pourvu à cette difficulté en proposant que le meilleur tracé que permettaient les circonstances soit emprunté par les égouts qui minent les rues de la métropole, et qui, bien éclairés par des jets, Les conduites de gaz qui passent immédiatement au-dessus d'eux formeraient une arcade agréable et spacieuse, surtout en hiver, lorsque l'habitude gênante de porter des parapluies, maintenant si générale, pourrait être complètement supprimée. En réponse à une autre question, le professeur Queerspeck déclara qu'il n'avait encore pensé à aucun substitut aux fins auxquelles ces arcades étaient actuellement consacrées, mais qu'il espérait qu'aucune objection fantaisiste à ce sujet ne pourrait gêner une si grande entreprise.

» M. JOBBA a produit une machine à forcer sur un plan nouveau, pour amener prématurément les actions des chemins de fer par actions à une prime. L'instrument avait la forme d'un élégant verre météo doré, d'apparence des plus éblouissantes, et était actionné derrière, par des cordes, à la manière d'un tour de pantomime, les cordes étant toujours tirées par les directeurs de la compagnie à laquelle la machine était destinée. appartenait. Le vif-argent était si ingénieusement placé, que lorsque les directeurs par intérim avaient des actions dans leurs poches, des chiffres indiquant de très petites dépenses et de très gros rendements apparaissaient sur le verre ; mais au moment où les directeurs se séparèrent de ces morceaux de papier, l'estimation des dépenses nécessaires s'augmenta tout d'un coup dans une immense mesure, tandis que les états de certains bénéfices diminuèrent dans la même proportion. M. Jobba a déclaré que la machine avait été constamment réquisitionnée depuis quelques mois et qu'il n'avait jamais connu une seule panne.

« Un député a exprimé son opinion selon laquelle c'était extrêmement soigné et joli. Il souhaite savoir si elle n'est pas sujette à des dérangements accidentels ? M. Jobba a déclaré que la machine entière risquait sans aucun doute d'exploser, mais c'était la seule objection à y opposer.

" LE PROFESSEUR NOGO est arrivé de la section d'anatomie pour exposer un modèle d'escalier de sécurité, qui pouvait être réparé à tout moment, en moins d'une demi-heure, et au moyen duquel les personnes les plus jeunes ou les plus infirmes (résistant avec succès à l'assaut) la progression des flammes jusqu'à ce qu'elle soit tout à fait prête) pourraient être préservés s'ils se contentaient de se tenir en équilibre pendant quelques minutes sur le rebord de la fenêtre de leur chambre et de pénétrer dans l'issue de secours sans tomber dans la rue. Le professeur a déclaré que le nombre de garçons qui avaient été sauvés pendant la journée par cette machine des maisons qui n'étaient pas en feu était presque incroyable. Il n'y avait pas eu d'incendie dans tout Londres depuis plusieurs mois sans que l'évasion n'ait été effectuée le lendemain et mise en action devant un concours de personnes.

» LE PRÉSIDENT demande s'il n'y a pas quelque difficulté à déterminer quel est le haut de la machine et quel est le bas, en cas d'urgence pressante.

Le PROFESSEUR NOGO a expliqué que, bien entendu, on ne pouvait pas s'attendre à ce qu'il agisse aussi bien en cas d'incendie que lorsqu'il n'y avait pas d'incendie ; mais dans le premier cas, il a pensé qu'il serait également utile que le sommet soit en haut ou en bas.

Avec la dernière section, notre correspondant conclut son rapport le plus compétent et le plus fidèle, qui ne cessera jamais de faire honneur à lui pour ses réalisations scientifiques et à nous pour notre esprit d'entreprise. Il est inutile de revenir sur les sujets qui ont été discutés ; de la manière dont ils ont été examinés ; des grandes vérités qu'ils ont mises en lumière. Ils sont maintenant devant le monde, et nous les laissons lire, considérer et profiter.

Le lieu de réunion pour l'année prochaine a fait l'objet de discussions et a été longuement décidé, compte tenu et preuves prises de la qualité de ses vins, de l'approvisionnement de ses marchés, de l'hospitalité de ses habitants et de la qualité. de ses hôtels. Nous espérons qu'à cette prochaine réunion, notre correspondant pourra à nouveau être présent et que nous pourrons être une fois de plus le moyen de présenter ses communications au monde. Jusqu'à cette période, nous avons été convaincus de permettre que ce numéro de notre Divers soit vendu au détail au public ou vendu en gros au commerce, sans aucune avance sur notre prix habituel.

Nous n'avons qu'à ajouter que les comités sont maintenant dissous et que Mudfog a retrouvé sa tranquillité habituelle , que les professeurs et les membres ont eu des bals, des *soirées* , des dîners et de grands compliments mutuels , et ont enfin dispersés dans leurs diverses maisons, où tous les bons vœux et toutes les joies les accompagnent, jusqu'à l'année prochaine !

Signé BOZ .

RAPPORT COMPLET DE LA
DEUXIÈME RÉUNION DE LA MUDFOGASSOCIATION
POUR L'AVANCEMENT DE TOUT

EN octobre dernier, nous nous sommes fait le mérite immortel d'enregistrer, à grands frais et à force d'efforts sans précédent dans l'histoire des publications périodiques, les actes de la Mudfog Association for the Advancement of Everything, qui a tenu ce mois-là sa première édition. grande réunion semestrielle, à l'émerveillement et au plaisir de tout l'empire. Nous avons annoncé, à la fin de ce rapport extraordinaire et des plus remarquables, que lorsque la deuxième réunion de la Société aurait lieu, nous nous retrouverions à notre poste, renouvelant nos efforts gigantesques et fougueux , et faisant résonner une fois de plus le monde avec le l'exactitude, l'authenticité, la supériorité incommensurable et l'intense remarquable qualité de notre récit de ses débats. En guise de rachat de cet engagement, nous avons fait envoyer à vapeur à Oldcastle (où cette deuxième réunion de la Société a eu lieu le 20 courant), le même gentleman doté de dons surhumains qui a fourni le premier rapport et qui, doué par nature doté de capacités transcendantes, et pourvu par nous d'un corps d'assistants à peine inférieurs à lui, - a envoyé une série de lettres qui, pour la fidélité de la description, la puissance du langage, la ferveur de la pensée, le bonheur de l'expression et l'importance de sur ce sujet, n'ont pas d'égal dans la littérature épistolaire de quelque époque ou pays que ce soit. Nous remettons la correspondance de ce monsieur dans son intégralité et dans l'ordre dans lequel elle est parvenue à notre bureau.

« Saloon of Steamer , jeudi soir , huit heures et demie .

« QUAND j'ai quitté New Burlington Street ce soir dans le cabriolet hackney, numéro quatre mille deux cent quatre-vingt-cinq, j'ai éprouvé des sensations aussi nouvelles qu'oppressantes. Le sentiment de l'importance de la tâche que j'avais entreprise, la conscience que je quittais Londres et, plus étrange encore, que j'allais ailleurs, un sentiment de solitude et une sensation de secousse, troublèrent complètement mes pensées et me rendirent pour un temps même insensible à la présence de mon sac-tapis et de ma boîte à chapeau. Je serai toujours reconnaissant envers le conducteur d'un omnibus Blackwall qui, en poussant le mât de son véhicule à travers la petite porte du cabriolet, m'a réveillé d'un tumulte d'imaginations totalement indescriptibles. Mais de tels matériaux sont composés notre nature imparfaite !

« Je suis heureux de vous dire que je suis le premier passager à bord et que je serai ainsi en mesure de vous rendre compte de tout ce qui se passe dans l'ordre de son apparition. La cheminée fume beaucoup, l'équipage aussi ; et le capitaine, m'a-t-on dit, est très ivre dans une petite maison sur le pont, quelque chose qui ressemble à une autoroute noire. Je devrais déduire de tout ce que j'entends qu'il s'est mis en colère.

« Vous devinerez facilement avec quels sentiments je viens de découvrir que ma couchette est dans le même placard que celles engagées par le professeur Woodensconce , M. Slug et le professeur Grime. Le professeur Woodensconce a pris l'étagère au-dessus de moi, et M. Slug et le professeur Grime les deux étagères en face. Leurs bagages sont déjà arrivés. Sur le lit de M. Slug se trouve un long tube d'étain d'environ trois pouces de diamètre, soigneusement fermé aux deux extrémités. Que peut contenir cela ? Un instrument puissant d'une nouvelle construction, sans doute.

« *Neuf heures dix dix* .

« PERSONNE n'est encore arrivé et rien de frais ne m'est arrivé, sauf quelques morceaux de bœuf et de mouton, d'où je conclus qu'un bon dîner simple a été prévu pour demain. Il y a une odeur singulière au-dessous, qui m'a donné d'abord quelque inquiétude ; mais comme le dit le steward, il est toujours là et ne s'en va jamais, je suis de nouveau tout à fait à l'aise. J'apprends de cet homme que les différentes sections seront distribuées au Garçon Noir et Maux d'Estomac, et au Boot-jack et Contenance. Si cette information est vraie (et je n'ai aucune raison d'en douter), vos lecteurs tireront les conclusions que leurs différentes opinions peuvent suggérer.

« J'écris ces remarques au fur et à mesure qu'elles me viennent à l'esprit ou au fur et à mesure que les faits arrivent à ma connaissance, afin que mes premières impressions ne perdent rien de leur vivacité originelle. Je les expédierai par petits paquets dès que l'occasion se présentera.

« *Neuf heures et demie* .

" UN objet sombre vient d'apparaître sur le quai. Je pense que c'est une voiture de voyage.

' *Dix heures moins le quart* .

« NON , ce n'est pas le cas. »

' *Dix heures trente* .

« LES passagers affluent à chaque instant. Quatre omnibus pleins viennent d'arriver sur le quai, et tout est agitation et activité. Le bruit et la confusion sont très grands. Des nappes sont déposées dans les cabines et le steward place des assiettes bleues pleines de morceaux de fromage à égale distance au centre des tables. Il laisse tomber un grand nombre de boutons ; mais, habitué, il les reprend avec une grande dextérité, et, après les avoir essuyés sur sa manche, les remet dans les assiettes. C'est un jeune homme d'apparence extrêmement séduisante – soit sale, soit mulâtre, mais je pense au premier.

« Un intéressant vieux monsieur, venu au quai en omnibus, vient de se disputer violemment avec les porteurs, et se dirige en titubant vers le navire avec une grosse malle dans les bras. J'ai confiance et j'espère qu'il pourra y parvenir en toute sécurité ; mais la planche qu'il doit traverser est étroite et glissante. Était-ce une éclaboussure ? Pouvoirs gracieux !

« Je reviens tout juste du pont. La malle se trouve à l'extrême bord du quai, mais le vieux monsieur n'est visible nulle part. Le gardien ne sait pas s'il est tombé ou non, mais promet de le traîner dès demain matin. Que ses efforts humanitaires soient couronnés de succès !

« Le professeur Nogo est arrivé à ce moment-là avec son bonnet de nuit sous son chapeau. Il a commandé un verre d'eau-de-vie froide, avec un biscuit dur et une bassine, et s'est directement couché. Qu'est-ce que cela peut signifier ?

« Les trois autres scientifiques auxquels j'ai déjà fait allusion sont montés à bord et ont tous essayé leur lit, à l'exception du professeur Woodensconce , qui dort dans l'un des lits du haut et ne peut y entrer. M. Slug, qui dort dans l'autre du haut, est incapable de sortir du sien et doit se faire remettre son souper par un garçon. J'ai eu l' honneur de me présenter à ces messieurs, et nous avons convenu à l'amiable de l'ordre dans lequel nous nous retirerons pour nous reposer ; sur quoi il faut s'entendre, car, quoique la cabine soit très confortable, il n'y a pas de place pour plus d'un gentleman à la fois, et même lui doit enlever ses bottes dans le couloir.

« Comme je l'avais prévu, les morceaux de fromage ont été fournis pour le dîner des passagers et sont maintenant en cours de consommation. Vos lecteurs seront surpris d'apprendre que le professeur Woodensconce s'est abstenu de consommer du fromage pendant huit ans, bien qu'il consomme du beurre en quantités considérables. Le professeur Grime ayant perdu plusieurs dents, est incapable, je le remarque, de manger ses croûtes sans les tremper au préalable dans son porter en bouteille. Comme ces particularités sont intéressantes !

' *Onze heure et demi* .

' LES PROFESSEURS Woodensconce et Grime, avec une bonne humeur qui nous ravit tous, viennent de s'arranger pour une bouteille de porto chaud. Il y a eu des discussions pour savoir si le paiement devait être décidé au premier tirage au sort ou au meilleur des trois. Finalement, c'est cette dernière voie qui a été retenue. Je souhaite profondément que les deux messieurs puissent gagner ; mais cela étant impossible, j'avoue que mes aspirations personnelles (je parle en tant qu'individu et ne compromet ni vous ni vos lecteurs par cette expression de sentiment) sont du côté du professeur Woodensconce . J'ai soutenu ce monsieur à hauteur de dix-huit pence.

« *Douze moins vingt minutes* .

" LE PROFESSEUR Grime a par inadvertance jeté sa demi-couronne par l'une des fenêtres de la cabine, et il a été convenu que le steward la lancerait à sa place. Les paris sont proposés de n'importe quel côté et pour n'importe quel montant, mais il n'y a pas de preneur.

« Le professeur Woodensconce vient d'appeler « femme » ; mais la pièce de monnaie s'étant logée dans une poutre, met longtemps à redescendre. L'intérêt et le suspense de ce moment dépassent tout ce qu'on peut imaginer.

' *Douze heures* .

" LE porto chaud fume sur la table devant moi, et le professeur Grime a gagné. Lancer est un jeu de hasard ; mais sur tous les plans, qu'il s'agisse de caractère public ou privé, de dotations intellectuelles ou de réalisations scientifiques, je ne peux m'empêcher d'exprimer mon opinion que le professeur Woodensconce *aurait* dû sortir victorieux. Il y a une exultation à propos du professeur Grime incompatible, je le crains, avec la vraie grandeur.

« *Douze heures et quart* .

Le PROFESSEUR Grime continue d'exulter et de se vanter de sa victoire en termes peu mesurés, observant qu'il gagne toujours et qu'il savait d'avance que ce serait une « tête », avec bien d'autres remarques de même nature. Ce monsieur n'est sûrement pas assez perdu dans tout sentiment de décence et de bienséance au point de ne pas sentir et connaître la supériorité du professeur Woodensconce ? Le professeur Grime est-il fou ? ou souhaite-t-il qu'on lui rappelle en langage clair sa véritable position dans la société et le niveau précis de ses connaissances et de ses capacités ? Le professeur Grime ferait bien d'y réfléchir.

' *Une heure* .

« J'ÉCRIS au lit. La petite cabane est éclairée par la faible lumière d'une lampe vacillante suspendue au plafond ; Le professeur Grime est allongé sur l'étagère opposée, sur le dos, la bouche grande ouverte. La scène est indescriptiblement solennelle. L'ondulation de la marée, le bruit des pieds des marins au-dessus de nous, les voix bourrues sur le fleuve, les chiens sur le rivage, les ronflements des passagers et le craquement constant de chaque planche du navire sont les seuls sons qui rencontrer l'oreille. A ces exceptions près, tout est profond silence.

« Ma curiosité a été très excitée au dernier moment. M. Slug, qui se trouve au-dessus du professeur Grime, a soigneusement retiré les rideaux de sa couchette, et, après avoir regardé dehors avec inquiétude, comme pour s'assurer que ses compagnons dormaient, a pris le tube de fer-blanc dont j'ai déjà parlé. et le regarde avec beaucoup d'intérêt. Quelle rare combinaison mécanique peut être contenue dans ce mystérieux boîtier ? C'est évidemment un profond secret pour tous.

' *Une heure et quart* .

' LE Le comportement de M. Slug devient de plus en plus mystérieux. Il a dévissé le haut du tube et renouvelle maintenant ses observations sur ses compagnons, évidemment pour s'assurer qu'il ne soit absolument pas observé. Il est clairement à la veille d'une grande expérience. Priez le ciel pour que ce ne soit pas dangereux ; mais les intérêts de la science doivent être défendus, et je suis préparé au pire.

' *Cinq minutes plus tard* .

» IL a sorti une grande paire de ciseaux et a tiré de la boîte en fer blanc un rouleau d'une substance semblable à du parchemin. L'expérience est sur le point de commencer. Je dois forcer mes yeux au maximum, pour tenter d'en suivre la moindre opération.

« *Deux heures moins vingt* .

« J'ai ENFIN pu constater que le tube d'étain contient quelques mètres d'un plâtre célèbre, recommandé, comme je le découvre en regardant attentivement l'étiquette à travers mes lunettes, comme préservatif contre le mal de mer. M. Slug l'a coupé en petites portions et se le colle maintenant dans toutes les directions.

' *Trois heures* .

« Il y a EXACTEMENT un quart d'heure, nous avons levé l'ancre, et la machinerie s'est mise en mouvement tout à coup avec un bruit si épouvantable que le professeur Woodensconce (qui était monté à sa couchette au moyen d'une plate-forme de sacs à tapis disposés par lui-même sur des lignes géométriques) directeurs) s'élança de son plateau, la tête en avant, et, se redressant avec toute la rapidité d'une extrême terreur, courut sauvagement dans la cabine des dames, avec l'impression que nous étions en train de couler, et poussant de grands cris au secours. On m'assure que la scène qui s'ensuivit déjoue toute description. Il y avait alors cent quarante-sept dames dans leurs couchettes respectives.

'M. Slug a remarqué, comme exemple supplémentaire de l'extrême ingéniosité de la machine à vapeur appliquée aux fins de la navigation, que, quelle que soit la partie du navire où se trouve la couchette d'un passager, la machinerie semble toujours être exactement sous son oreiller. Il compte faire part à l'association de cette très belle mais simple découverte.

' *Dix heures trente .*

« NOUS sommes toujours en eau calme ; c'est-à-dire dans une eau aussi douce qu'un bateau à vapeur puisse l'être, car, comme le professeur Woodensconce (qui vient de se réveiller) le remarque doctement, un autre grand point d'ingéniosité à propos d'un bateau à vapeur est qu'il transporte toujours une petite tempête. avec ça. Vous pouvez à peine imaginer à quel point les pulsations saccadées du navire peuvent être excitantes. C'est une question de difficulté positive que de s'endormir.

« *Vendredi après-midi , six heures .*

« J'ai LE REGRET de vous informer que le plâtre de M. Slug n'a servi à rien. Il souffre énormément, mais il a néanmoins appliqué plusieurs gros morceaux supplémentaires. Comme ce dévouement extrême à la science et à la poursuite du savoir dans les circonstances les plus éprouvantes est touchant !

«Nous étions extrêmement heureux ce matin et le petit-déjeuner était l'une des descriptions les plus animées . Rien de désagréable ne se produisit jusqu'à midi, à l'exception du parapluie de soie marron et du chapeau blanc du docteur Foxey qui s'emmêlent dans les machines alors qu'il expliquait à un groupe de dames la construction de la machine à vapeur. Je crains que la soupe à la sauce du déjeuner n'ait été peu judicieuse. Nous avons perdu un grand nombre de passagers presque immédiatement après.

' *Six heures et demie .*

« Je SUIS de nouveau au lit. Je n'ai jamais encore été témoin de quelque chose d'aussi déchirant que les souffrances de M. Slug.

' *Sept heures .*

« Un MESSAGER vient de descendre chercher un mouchoir de poche propre dans le sac du professeur Woodensconce , ce malheureux gentleman étant tout à fait incapable de quitter le pont et implorant constamment d'être jeté par-dessus bord. De cet homme, je comprends que le professeur Nogo , bien que dans un état d'épuisement total, s'accroche faiblement au biscuit dur, au cognac froid et à l'eau, avec l'impression qu'ils vont encore le restaurer. Tel est le triomphe de l'esprit sur la matière.

« Le professeur Grime est au lit, apparemment en très bonne santé ; mais il *veut* manger, et c'est désagréable de le voir. Ce monsieur n'a-t-il aucune sympathie pour les souffrances de ses semblables ? S'il l'a fait, sur quel principe peut-il demander des côtelettes de mouton… et sourire ?

' *Black Boy et Stomach-ache ,*
Oldcastle , samedi midi .

« VOUS serez heureux d'apprendre que je suis enfin arrivé ici sain et sauf. La ville est excessivement peuplée, et tous les logements privés et tous les hôtels sont remplis de *savanes* des deux sexes. Le formidable rassemblement d'intellects que l'on rencontre dans chaque rue est au dernier degré écrasant.

« Malgré la foule de gens ici, j'ai eu la chance de bénéficier d'un logement très confortable à des conditions très raisonnables, après avoir obtenu un canapé dans le passage du premier étage à une guinée par nuit, ce qui inclut la permission de prendre mes repas au bar. , à condition que je me promène dans les rues à tout autre moment, pour faire place à d'autres messieurs dans une situation similaire. J'ai visité les dépendances destinées à être consacrées à la réception des différentes sections, tant ici qu'au Boot-jack et à Countenance, et je suis très enchanté des arrangements. Rien ne peut surpasser l'aspect frais de la sciure dont les parquets sont saupoudrés. Les formes sont non planifiées et l'effet général, comme vous pouvez bien l'imaginer, est extrêmement beau.

« *Neuf heures et demie* .

« LE nombre et la rapidité des arrivées sont assez ahurissants. Au cours des dix dernières minutes, une diligence s'est présentée à la porte, remplie à l'intérieur comme à l'extérieur de personnages distingués, comprenant M. Muddlebranes , M. Drawley , le professeur Muff, M. X. Misty, M. XX Misty, M. Purblind. , le professeur Rummun, l' honorable et révérend M. Long Eers , le professeur John Ketch, Sir William Joltered , le docteur Buffer, M. Smith (de Londres), M. Brown (d'Édimbourg), Sir Hookham Snivey et le professeur Pumpkinskull . Les dix derniers messieurs étaient complètement mouillés et semblaient extrêmement intelligents.

' *Dimanche* , *deux heures* , *pm*

' LE L'honorable et révérend M. Long Eers , accompagné de Sir William Joltered , a marché et conduit ce matin. Ils accomplirent le premier exploit en bottes et le second en mouche louée. Cela a naturellement donné lieu à de nombreuses discussions.

"Je viens d'apprendre qu'une entrevue a eu lieu au Boot-jack and Countenance entre Sowster , le bedeau actif et intelligent de cet endroit, et le professeur Pumpkinskull , qui, comme vos lecteurs le savent sans doute, est un membre influent du conseil. . Je m'abstiens de communiquer aucune des rumeurs auxquelles ce procédé très extraordinaire a donné lieu avant d'avoir vu Sowster et essayé de m'assurer de la vérité auprès de lui.

' *Six heures et demie* .

«J'ai ENGAGÉ une chaise à âne peu de temps après avoir écrit ce qui précède, et j'ai continué au trot rapide en direction de la résidence de Sowster , traversant une belle étendue de campagne, avec des bâtiments en briques rouges de chaque côté, et m'arrêtant sur le marché pour observer le l'endroit où le chapeau de M. Kwakley a été arraché hier. Il s'agit d'un pavé inégal, mais qui n'a certainement aucune apparence qui laisserait supposer qu'un tel événement s'y soit produit récemment. De là, je passai devant l'usine à gaz et la fonderie de suif jusqu'à une ruelle qui m'avait été indiquée comme la résidence du bedeau ; et avant d'avoir parcouru une douzaine de mètres plus loin, j'ai eu la chance de rencontrer Sowster lui-même qui s'avançait vers moi.

« Sowster est un homme gros, avec un développement plus élargi de cette conformation particulière du visage qu'on appelle vulgairement un double menton que je ne me souviens d'avoir jamais vu auparavant. Il a aussi un nez très rouge, qu'il attribue à une habitude de se lever tôt, si rouge, en effet, que, sans cette explication, j'aurais dû supposer qu'il provenait d'une ivresse occasionnelle. Il m'a informé qu'il ne se sentait pas libre de raconter ce qui s'était passé entre lui et le professeur Pumpkinskull , mais qu'il n'avait aucune objection à déclarer que cela était lié à une question de réglementation de la police, et il a ajouté avec une signification particulière : « Jamais cela n'a été le cas. des temps de couture ! »

« Vous croirez facilement que cette nouvelle m'a causé une surprise considérable, non sans mélange d'anxiété, et que je n'ai pas perdu de temps pour attendre le professeur Pumpkinskull et lui exposer l'objet de ma visite. Après quelques instants de réflexion, le professeur, qui, je dois le dire, s'est comporté avec la plus grande politesse, avoua ouvertement (je marque le passage en italique) *qu'il avait prié Sowster de se présenter le lundi matin au Boot-jack. et le visage , pour éloigner les garçons ; et qu'il avait en outre désiré que le sous-bedle puisse être posté , dans le même but , au Black Boy et au Stomach-ache !*

«Maintenant, je laisse cette procédure inconstitutionnelle à vos commentaires et à la considération de vos lecteurs. Je n'ai pas encore appris qu'un bedeau, sans l'enceinte d'une église, d'un cimetière ou d'un atelier, et agissant autrement que sous les ordres exprès des marguilliers et des surveillants réunis en conseil, pour faire respecter la loi contre les personnes qui tombent sur la paroisse , et d'autres délinquants, ont une quelconque autorité légale sur la jeunesse montante de ce pays. Je n'ai pas encore appris qu'un bedeau peut être appelé par n'importe quel civil pour exercer une domination et un despotisme sur les garçons de Grande-Bretagne. Je n'ai pas encore appris que les commissaires chargés de la réglementation des mauvaises lois permettront à un bedeau d'user les semelles et les talons de ses bottes en ingérant illégalement les libertés de personnes qui n'ont pas été prouvées pauvres ou criminelles. Je n'ai pas encore appris qu'un bedeau a le pouvoir de bloquer la route de la Reine à sa guise et à son gré, ou que toute la largeur de la rue n'est pas libre et ouverte à tout homme, garçon ou femme existant, jusqu'au dernier moment. murs des maisons – oui, qu'il s'agisse de garçons noirs et de maux d'estomac, ou de bottillons et de visages, je m'en fiche.

' *Neuf heures* .

« J'ai engagé un artiste local pour faire un croquis fidèle du tyran Sowster , que, comme il a acquis cette infâme célébrité, vous souhaiterez sans doute le faire graver dans le but d'en présenter une copie avec chaque exemplaire de votre prochain numéro. Je le joins.

Le sous-badge a consenti à écrire sa vie, mais celle-ci doit rester strictement anonyme.

« La ressemblance qui l'accompagne est bien sûr tirée de la réalité et complète à tous égards. Même si j'avais totalement ignoré le véritable caractère de cet homme, et qu'il m'avait été présenté sans remarque, j'aurais frémi involontairement. Il y a une intense malignité d'expression dans les traits, et une férocité funeste dans l'œil du voyou, qui consterne et rend malade. Tout son air est empreint de cruauté, et son estomac n'est pas moins caractéristique de ses penchants démoniaques.

' *Lundi* .

« LE grand jour est enfin arrivé. Je n'ai ni yeux, ni oreilles, ni plumes, ni encre, ni papier, pour autre chose que les merveilleux procédés qui ont étonné mes sens. Laissez-moi rassembler mes énergies et procéder au compte.

' SECTION A.— ZOOLOGIE ET BOTANIQUE .

SALON DEVANT, GARÇON NOIR ET MAUX D'ESTOMAC.

Président —Sir William Joltered . *Vice-présidents* —M. Muddlebranes et M. Drawley .

' M . XX MISTY a communiqué quelques remarques sur la disparition des ours dansants des rues de Londres, avec des observations sur l'exposition de singes en rapport avec les orgues de Barbarie. L'auteur avait observé, avec des sentiments de douleur et de regret extrêmes, qu'il y a quelques années, un changement soudain et inexplicable s'était produit dans le goût du public à l'égard des ours ambulants, qui, défavorisés par la population, tombaient progressivement un à un. les rues de la métropole, jusqu'à ce qu'il n'en reste plus un pour donner le goût de l'histoire naturelle aux poitrines des pauvres et des ignorants. Un ours en effet, un animal brun et déguenillé, s'était attardé dans les repaires de ses anciens triomphes, avec un visage usé et abattu et des membres faibles, et avait essayé de manier son bâton pour l'amusement de la multitude ; mais la faim et le manque total de récompense pour ses capacités l'avaient finalement chassé du champ de bataille, et il n'était que trop probable qu'il avait été sacrifié au goût croissant de la graisse. Il regrette d'ajouter qu'un changement similaire, et non moins lamentable, s'est produit en ce qui concerne les singes. Ces délicieux animaux étaient autrefois presque aussi nombreux que les organes au sommet desquels ils avaient l'habitude de s'asseoir ; la proportion en 1829 (il ressortait du rapport parlementaire) était d'un singe pour trois organes. Cependant, à cause d'un goût altéré pour les instruments de musique et du remplacement, dans une grande mesure, de boîtes à musique étroites par des orgues, qui ne laissaient aux singes aucun support sur lequel s'asseoir, cette source d'amusement public fut complètement tarie. Considérant qu'il est de la plus haute importance, en ce qui concerne l'éducation nationale, que le peuple ne perde pas de telles occasions de se familiariser avec les mœurs et les coutumes de deux espèces d'animaux des plus intéressantes, l'auteur a soutenu que certaines mesures devraient être immédiatement prises. pour la restauration de ces divertissements agréables et véritablement intellectuels.

« LE PRÉSIDENT demande par quels moyens l' honorable membre se propose d'atteindre ce but des plus souhaitables ?

" L'AUTEUR a soutenu que cela pourrait être accompli de la manière la plus complète et la plus satisfaisante si le gouvernement de Sa Majesté faisait amener en Angleterre et entretenait aux frais de l'État et pour l'amusement public un nombre d'ours tel qu'il permettrait à chaque trimestre. de la ville à visiter, disons au moins trois ours par semaine. Il n'y a aucune difficulté à fournir un endroit convenable pour l'accueil de ces animaux, puisqu'un vaste jardin à ours pourrait être érigé dans le voisinage immédiat des deux chambres du Parlement ; évidemment l'endroit le plus approprié et le plus éligible pour un tel établissement.

Le PROFESSEUR MULL doute beaucoup que des idées correctes de l'histoire naturelle soient propagées par les moyens dont l' honorable membre a si bien parlé. Au contraire, il estime qu'ils ont été le moyen de diffuser des notions très incorrectes et imparfaites sur le sujet. Il s'est appuyé sur son observation personnelle et son expérience personnelle lorsqu'il a déclaré que de nombreux enfants dotés de grandes capacités avaient été amenés à croire, d'après ce qu'ils avaient observé dans les rues, à l'époque et avant celle à laquelle l' honorable Monsieur avait mentionné que tous les singes naissaient avec des manteaux rouges et des paillettes, et que leurs chapeaux et leurs plumes leur venaient également de la nature. Il désire savoir clairement si l' honorable monsieur attribue le manque d'encouragement que les ours ont rencontré au déclin du goût du public à cet égard, ou à un manque d'habileté de la part des ours eux-mêmes ?

' M . XX MISTY répondit qu'il ne pouvait pas se résoudre à croire qu'il devait y avoir beaucoup de talent flottant parmi les ours et les singes en général ; qui, en l'absence de tout encouragement approprié, s'est dispersé dans d'autres directions.

Le PROFESSEUR PUMPKINSKULL désirait profiter de cette occasion pour attirer l'attention de la section sur un point très important et très sérieux. L'auteur du traité que nous venons de lire avait fait allusion au goût répandu pour la graisse d'ours comme moyen de favoriser la croissance des cheveux, et qui était sans aucun doute répandu à un degré très large et (à ce qu'il lui paraissait) très alarmant. Aucun gentleman fréquentant cette section ne pouvait manquer d'être conscient du fait que la jeunesse d'aujourd'hui faisait preuve, par son comportement dans les rues et dans tous les lieux publics, d'un manque considérable de ce sentiment de galanterie et de courtoisie qui, en plus des temps ignorants, avait été jugé convenable. Il désirait savoir s'il était possible qu'une application extérieure constante de graisse d'ours par les jeunes messieurs de la ville ait imperceptiblement insufflé à ces malheureux quelque chose de la nature et de la qualité de l'ours. Il frémit en lançant cette remarque ; mais si cette théorie, après enquête, s'avérait bien fondée, elle expliquerait immédiatement une grande partie de l'excentricité désagréable du comportement , qui, sans une telle découverte, serait totalement inexplicable.

« LE PRÉSIDENT a hautement complimenté le savant gentleman pour sa suggestion la plus précieuse, qui a produit le plus grand effet sur l'assemblée ; et remarqua qu'à peine une semaine auparavant, il avait vu dans un théâtre des jeunes messieurs regarder une loge de dames avec une intensité féroce, que seule l'influence d'un appétit brutal pouvait expliquer. C'était épouvantable de penser que notre jeunesse se transformait si rapidement en une génération d'ours.

enthousiasme scientifique, il fut décidé que cette importante question serait immédiatement soumise à l'examen du conseil.

« LE PRÉSIDENT désire savoir si quelqu'un pourrait informer la section de ce qu'étaient devenus les chiens dansants ?

" Un DÉPUTÉ a répondu, après quelques hésitations, que le lendemain de l'incarcération de trois chanteurs de joie comme criminels par un ancien magistrat de police très zélé de la métropole, les chiens avaient abandonné leurs devoirs professionnels et se dispersaient dans différents endroits. quartiers de la ville pour gagner leur vie par des moyens moins dangereux. On lui fit comprendre que, depuis cette époque, ils subvenaient à leurs besoins en guettant et en volant les caniches des aveugles.

" M. FLUMMERY montra une brindille, prétendant être une véritable branche de ce noble arbre connu des naturalistes sous le nom de SHAKESPEARE , qui a pris racine dans tous les pays et sous tous les climats, et a rassemblé à l'ombre de ses larges branches vertes la grande famille de l'humanité. . Le savant gentleman remarqua que la brindille avait sans doute été appelée sous d'autres noms en son temps ; mais qu'une vieille dame du Warwickshire, où le grand arbre avait poussé, lui avait fait remarquer qu'il s'agissait d'une pousse du véritable SHAKESPEARE , nom sous lequel il pria de le présenter à ses compatriotes.

» LE PRÉSIDENT désirait savoir quelle définition botanique l' honorable monsieur pouvait donner de la curiosité.

" M. FLUMMERY a exprimé son opinion qu'il s'agissait d'une usine décidée .

'SECTION B.— PRÉSENTATION DES MODÈLES ET DE LA SCIENCE MÉCANIQUE .

GRANDE CHAMBRE, BOOT-JACK ET CONTENANCE.

Président — M. Mallett. *Vice-présidents* — MM. Leaver et Scroo .

" M. CRINKLES montra une machine des plus belles et des plus délicates, d'à peine plus grande taille qu'une tabatière ordinaire, entièrement fabriquée par lui-même et composée exclusivement d'acier, à l'aide de laquelle plus de poches pouvaient être ramassées en une heure que par le présente un processus lent et fastidieux en vingt-quatre. L'inventeur a fait remarquer qu'il avait été mis en service activement dans Fleet Street, le Strand et d'autres artères, et qu'il n'avait jamais été connu de panne.

« Après un léger retard, occasionné par le fait que les différents membres de la section boutonnaient leurs poches,

» LE PRÉSIDENT inspecta de près l'invention et déclara qu'il n'avait jamais vu une machine d'une construction plus belle et plus exquise. L'inventeur aurait-il la gentillesse d'informer la section s'il en avait pris et quels moyens pour le mettre en service général ?

" M. CRINKLES a déclaré qu'après avoir rencontré quelques difficultés préliminaires, il avait réussi à se mettre en communication avec M. Fogle Hunter et d'autres messieurs liés à la grande foule, qui avaient accordé à l'invention la plus haute et la plus totale approbation. Il regretta cependant de dire que ces praticiens distingués, ainsi qu'un gentleman du nom de Tommy aux yeux vrillés, et d'autres membres d'un grade secondaire de la profession qu'il était censé représenter, avaient une objection insurmontable à ce que ce soit le cas. généralisé, sous prétexte qu'il aurait pour effet inévitable de remplacer presque entièrement le travail manuel et de jeter au chômage un grand nombre de personnes hautement méritantes.

» LE PRÉSIDENT espérait qu'aucune objection aussi fantaisiste ne pourrait faire obstacle à une si grande amélioration publique.

» M. CRINKLES l'espérait aussi ; mais il craignait que si ces messieurs de la foule persistaient dans leur objection, rien ne pourrait être fait.

Le PROFESSEUR GRIME a suggéré que, dans ce cas, le gouvernement de Sa Majesté pourrait sûrement être convaincu de s'en charger.

" M. CRINKLES a déclaré que si l'objection était jugée insurmontable, il devrait s'adresser au Parlement, qui, à son avis, ne pourrait manquer de reconnaître l'utilité de l'invention.

» MONSIEUR LE PRÉSIDENT fait observer que jusqu'à présent, le Parlement s'en était certainement très bien sorti ; mais comme ils exerçaient leurs activités sur une très grande échelle, il ne doutait pas qu'ils adopteraient volontiers cette amélioration. Sa seule crainte était que la machine ne soit usée par un travail constant.

" M. COPPERNOSE a attiré l'attention de la section sur une proposition d'une grande ampleur et d'un grand intérêt, illustrée par un grand nombre de modèles, et énoncée avec beaucoup de clarté et de perspicacité dans un traité intitulé "Suggestions pratiques sur la nécessité de fournir des produits inoffensifs et sains". détente pour les jeunes nobles d'Angleterre. Sa proposition était qu'un espace de terrain d'au moins dix milles de longueur et quatre de largeur devrait être acheté par une nouvelle société, qui serait constituée par une loi du Parlement et entourée d'un mur de briques d'au moins douze pieds de largeur. hauteur. Il proposa qu'il soit aménagé avec des routes, des autoroutes, des ponts, des villages miniatures et tout ce qui pourrait contribuer au confort et à la gloire des clubs à quatre, de sorte qu'ils puissent être raisonnablement présumés ne nécessiter aucun déplacement au-delà. il. Cette charmante retraite serait équipée des écuries les plus spacieuses et les plus vastes, pour le confort de ceux de la noblesse et de la petite noblesse qui avaient le goût de se promener , et de maisons de divertissement meublées dans le style le plus cher et le plus beau. Il serait en outre pourvu de rues entières de heurtoirs de porte et de poignées de sonnette de grande taille, construits de telle sorte qu'ils pourraient être facilement arrachés la nuit, et régulièrement revissés, par des employés prévus à cet effet, chaque jour. Il y aurait aussi des lampes à gaz en verre véritable, qui pourraient être brisées à une dépense relativement faible par douzaine, et un large et beau trottoir sur lequel les messieurs pourraient conduire leurs cabriolets lorsqu'ils étaient disposés avec humour - pour le plein plaisir de ce exploit en direct. les piétons seraient achetés à l'atelier à un prix très modique par personne. L'endroit étant clos et soigneusement protégé de l'intrusion du public, il n'y aurait aucune objection à ce que les messieurs mettent de côté tout article de leur costume qui serait considéré comme gênant une agréable ébats, ou, en fait, à ce qu'ils se promènent sans aucun costume. du tout, s'ils préféraient ça. En bref, toutes les facilités de jouissance seraient offertes à la personne la plus distinguée qui puisse désirer. Mais comme même ces avantages seraient incomplets s'il n'y avait pas de moyens permettant à la noblesse et à la petite noblesse de déployer leurs prouesses lorsqu'ils sortaient après le dîner, et que certains inconvénients pourraient être ressentis dans le cas où ils seraient réduits à la nécessité de frapper l'inventeur avait tourné son attention vers la construction d'une force de police entièrement nouvelle, composée exclusivement de figures d'automates, qu'il avait réussi, avec l'aide de l'ingénieux signor Gagliardi, de Windmill-street, dans le Haymarket. avec une telle délicatesse, qu'un policier, un chauffeur de taxi ou une vieille femme, faits sur le principe des modèles exposés, se promenaient jusqu'à être renversés comme n'importe quel homme réel ; bien plus, si elle était attaquée et battue par six ou huit nobles ou gentilshommes, après qu'elle était tombée, la silhouette poussait divers gémissements, mêlés de demandes de miséricorde, rendant ainsi l'illusion complète et la jouissance parfaite. Mais l'invention ne s'est pas arrêtée là ; car des commissariats seraient construits, contenant de bons lits pour les nobles et les gentilshommes pendant la nuit, et le matin ils se rendraient dans un bureau de police spacieux, où une enquête pantomime aurait lieu devant les magistrats automates, tout à fait égale à la vie. — qui leur donnerait une amende en tant de jetons dont ils seraient préalablement munis à cet effet. Ce bureau serait meublé d'un plan incliné, pour la commodité de tout noble ou gentilhomme qui voudrait amener son cheval comme témoin ; et les prisonniers seraient parfaitement libres, comme ils l'étaient maintenant, d'interrompre les plaignants autant qu'ils le voudraient et de faire toutes les remarques qu'ils jugeraient appropriées. Le prix de ces divertissements s'élèverait à peine plus que ce qu'ils coûtent déjà, et l'inventeur a soutenu que le public bénéficierait et réconforterait grandement l'arrangement proposé.

LE PROFESSEUR Nogo SOUHAITE savoir quel est le nombre d'automates de police qu'il est proposé de lever en premier lieu.

» M. COPPERNOSE répondit qu'il était proposé de commencer par sept divisions de police d'une vingtaine chacune, numérotées de A à G inclusivement. Il a été proposé que pas plus de la moitié de ce nombre ne soit mise en service actif et que le reste soit conservé sur des étagères dans le bureau de police, prêt à être appelé à tout moment.

" LE PRÉSIDENT , attribuant le plus grand mérite à l'ingénieux gentleman qui était à l'origine de l'idée, doutait que la police automatique réponde pleinement à son objectif. Il craignait que les nobles et les gentilshommes n'aient peut-être besoin de l'excitation de battre des sujets vivants.

" M. COPPERNOSE a soutenu que, comme les chances habituelles dans de tels cas étaient de dix nobles ou messieurs pour un policier ou un chauffeur de taxi, cela ne pouvait faire très peu de différence en termes d'excitation que le policier ou le chauffeur de taxi soit un homme ou un pâté de maisons. . Le grand avantage serait que les membres d'un policier pourraient être tous arrachés, et pourtant il serait en état d'effectuer son service le lendemain. Il pourrait même témoigner le lendemain matin, la tête dans la main, et le faire tout aussi bien.

« PROFESSEUR MUFF . — Me permettez-vous de vous demander, monsieur, de quels matériaux est censé être composée la tête des magistrats ?

« M. COPPERNOSE.— LES magistrats auront bien entendu des têtes en bois, et elles seront faites des matériaux les plus résistants et les plus épais qu'on puisse obtenir.

« PROFESSEUR MUFF . — Je suis tout à fait satisfait. C'est une grande invention.

« PROFESSEUR NOGO . — Je n'y vois qu'une objection. Il me semble que les magistrats devraient parler.

» M. COPPERNOSE n'eut pas plus tôt entendu cette suggestion qu'il toucha un petit ressort dans chacun des deux modèles de magistrats qui étaient placés sur la table ; l'un des personnages a immédiatement commencé à s'exclamer avec une grande volubilité qu'il était désolé de voir des messieurs dans une telle situation, et l'autre à exprimer sa crainte que le policier soit ivre.

« La section, d'un commun accord, déclara avec un cri d'applaudissement que l'invention était complète ; et le président, très excité, se retira avec M. Coppernose pour le présenter au conseil. A son retour,

" M. TICKLE a montré ses lunettes nouvellement inventées, qui permettaient à celui qui les portait de discerner, dans des couleurs très vives , des objets à une grande distance, et le rendaient complètement aveugle à ceux qui se trouvaient immédiatement devant lui. Il s'agissait, disait-il, d'une invention très précieuse et utile, basée strictement sur le principe de l'œil humain.

« LE PRÉSIDENT a demandé quelques renseignements sur ce point. Il n'a pas encore appris que l'œil humain est remarquable par les particularités dont a parlé l' honorable monsieur.

» M. TICKLE fut plutôt étonné d'entendre cela, alors que le président ne pouvait manquer de se rendre compte qu'un grand nombre de personnes très excellentes et de grands hommes d'État pouvaient voir à l'œil nu les horreurs les plus merveilleuses dans les plantations des Antilles, alors qu'ils pouvaient nous ne discernons absolument rien à l'intérieur des filatures de coton de Manchester. Il devait savoir aussi avec quelle rapidité de perception la plupart des gens pouvaient découvrir les défauts de leur prochain et combien ils étaient aveugles aux leurs. Si le Président différait sur ce point de la grande majorité des hommes, son œil était défectueux, et c'est pour l'aider à voir que ces lunettes ont été fabriquées.

» M. BLANK a exposé un modèle d'une annuelle à la mode, composée de plaques de cuivre, de feuilles d'or et de planches de soie, et entièrement travaillée avec du lait et de l'eau.

« M. PROSEE , après avoir examiné la machine, déclara qu'elle était si ingénieusement composée, qu'il était totalement incapable de découvrir comment cela se passait.

« M. BLANK . — Personne ne le peut, et c'est là toute la beauté de la chose.

SALLE DE BAR, GARÇON NOIR ET MAUX D'ESTOMAC.

Président — Dr. Soemup . *Vice-présidents* — MM. Pessell et Mortair .

Le DR GRUMMIDGE a exposé à la section un cas de monomanie des plus intéressants et a décrit le traitement qu'il avait suivi avec un parfait succès. La patiente était une femme mariée d'un rang moyen qui, après avoir vu une autre dame lors d'une soirée vêtue d'un costume complet de perles, fut soudain prise du désir de posséder un équipement similaire, bien que les finances de son mari ne soient en aucun cas égale à la dépense nécessaire. Trouvant son souhait non satisfait, elle tomba malade et les symptômes devinrent bientôt si alarmants qu'il (le Dr Grummidge) fut appelé. À cette époque, les signes les plus marquants du trouble étaient la maussade, une indisposition totale à accomplir les tâches domestiques, une grande maussade. et une langueur extrême, sauf lorsqu'on parlait de perles, alors le pouls s'accélérait, les yeux devenaient plus brillants, les pupilles se dilataient, et la malade, après diverses exclamations incohérentes, fondait en larmes et s'écria que personne ne se souciait d'elle. , et qu'elle se souhaitait morte. Constatant que l'appétit du patient était affecté en présence de compagnie, il commença par ordonner une abstinence totale de tous stimulants et en interdisant tout autre aliment que de faibles gruaux ; il prit ensuite vingt onces de sang, appliqua une ampoule sous chaque oreille, une sur la poitrine et une autre sur le dos ; Après avoir fait cela, et administré cinq grains de calomel, il laissa la malade au repos. Le lendemain, son état était un peu déprimé, mais décidément mieux, et toute apparence d'irritation avait disparu. Le lendemain, son état s'est encore amélioré, et le lendemain encore. Le quatrième jour, il y eut quelque apparence de retour des anciens symptômes, qui à peine se manifestèrent, qu'il administra une autre dose de calomel, et laissa des ordres stricts selon lesquels, à moins qu'un changement décidément favorable ne se produise dans les deux heures, la tête du patient devrait être réparée. immédiatement rasé jusqu'à la dernière boucle. À partir de ce moment, elle commença à guérir et, en moins de vingt-quatre heures, elle fut parfaitement rétablie. Elle ne trahissait plus la moindre émotion à la vue ou à la mention de perles ou de tout autre ornement. Elle était joyeuse et de bonne humeur , et un changement des plus bénéfiques avait été opéré dans tout son tempérament et sa condition.

' M. PIPKIN (MRCS) a lu une communication courte mais très intéressante dans laquelle il cherchait à prouver la croyance totale de Sir William Courtenay, autrement dit Thorn, récemment abattu à Canterbury, dans le système homéopathique. La section garderait à l'esprit que l'une des doctrines homéopathiques était que des doses infinitésimales de tout médicament susceptible de provoquer la maladie dans laquelle travaillait le patient , en supposant qu'il était en bonne santé, la guériraient. Or, c'était une circonstance remarquable — prouvée par la preuve — que le défunt Thorn employait une femme pour le suivre toute la journée avec un seau d'eau, lui assurant qu'une goutte (un remède purement homéopathique, observerait la section), placée sur sa langue, après la mort, le restaurerait. Quelle était la conclusion évidente ? Ce Thorn, qui marchait et contremarchait dans des gisements d'osier et d'autres endroits marécageux, avait le pressentiment qu'il allait se noyer ; auquel cas, si ses instructions avaient été suivies, il ne pourrait manquer d'être ramené à la vie instantanément par sa propre prescription. En fait, si cette femme, ou toute autre personne, lui avait administré une dose infinitésimale de plomb et de poudre immédiatement après sa chute, il se serait rétabli immédiatement. Mais malheureusement, la femme en question ne possédait pas la faculté de raisonner par analogie ni d'appliquer un principe, et le malheureux monsieur avait donc été sacrifié à l'ignorance des paysans.

' SECTION D. — STATISTIQUES .

HORS MAISON, GARÇON NOIR ET MAUX D'ESTOMAC.

Président — M. Limace. *Vice-présidents* — MM. Noakes et styles.

" M. KWAKLEY a exposé le résultat de quelques enquêtes statistiques des plus ingénieuses relatives à la différence entre la valeur de la qualification de plusieurs membres du Parlement telle que publiée dans le monde, et sa nature et son montant réels. Après avoir rappelé à la section que chaque député d'une ville ou d'un arrondissement était censé posséder une propriété en pleine propriété de trois cents livres par an, l' honorable gentleman a suscité beaucoup d'amusement et de rire en indiquant le montant exact de la propriété en pleine propriété possédée par une colonne de législateurs, dans lesquels il s'était inclus. Il ressort de ce tableau que le montant de ces revenus possédé par chacun était de 0 livre, 0 shilling et 0 pence, ce qui donne une moyenne de la même chose. (Grands rires.) Il était bien connu qu'il y avait des messieurs accommodants qui avaient l'habitude de fournir aux nouveaux membres des qualifications temporaires, dont ils juraient solennellement la propriété, bien entendu pour la forme. Il a fait valoir à partir de ces *données* qu'il était totalement inutile que les membres du Parlement possèdent un quelconque bien, d'autant plus que lorsqu'ils n'en possédaient pas, le public pouvait les obtenir à bien moindre prix.

' SECTION SUPPLÉMENTAIRE , E.— UMBUGOLOGIE ET DITCHWATERISICS .

Président — M. Ver. *Vice-présidents* — MM. Ennuyeux et factice.

«Le secrétaire a lu un article décrivant un poney bai borgne, que l'auteur avait vu debout dans une charrette de boucher au coin de Newgate Market. La communication décrivait l'auteur du journal comme s'étant rendu, dans le cadre d'une activité commerciale, un samedi matin de l'été dernier, de Somers Town à Cheapside ; au cours de laquelle il avait observé l'extraordinaire phénomène décrit ci-dessus. Le poney avait un œil distinct, et son ami le capitaine Blunderbore, des Horse Marines, qui avait aidé l'auteur dans ses recherches, lui avait fait remarquer que chaque fois qu'il clignait de cet œil, il fouettait sa queue (peut-être pour chasser les mouches). éteint), mais qu'il faisait toujours un clin d'œil et un fouet en même temps. L'animal était maigre, épargné et chancelant ; et l'auteur a proposé de le constituer de la famille des *Fitfordogsmeataurious*. Il lui est certainement venu à l'esprit qu'il n'y avait aucun cas enregistré d'un poney doté d'un organe de vision clairement défini et distinct, clignant de l'œil et fouettant en même temps.

' M . QJ SNUFFLETOFFLE avait entendu parler d'un poney clignant des yeux, et également d'un poney fouettant sa queue, mais s'il s'agissait de deux poneys ou du même poney, il ne pouvait pas entreprendre de le dire avec certitude. Quoi qu'il en soit, il ne connaissait aucun cas authentique de clin d'œil et de fouet simultanés, et il ne pouvait réellement s'empêcher de douter de l'existence d'un poney aussi merveilleux , en opposition à toutes ces lois naturelles qui régissaient les poneys. Cependant, en se référant à la simple question de son unique organe de vision, pourrait-il suggérer la possibilité que ce poney ait été littéralement à moitié endormi au moment où il a été vu et n'ait fermé qu'un seul œil.

» LE PRÉSIDENT observa que, que le poney fût à moitié endormi ou profondément endormi, il ne faisait aucun doute que l'association était bien éveillée et qu'il valait donc mieux en finir avec l'affaire et aller dîner. Il n'avait certainement jamais rien vu d'analogue à ce poney, mais il n'était pas prêt à douter de son existence ; car il avait vu beaucoup de poneys plus étranges dans son temps, bien qu'il ne prétendît pas avoir vu d'ânes plus remarquables que les autres messieurs autour de lui.

Le PROFESSEUR JOHN KETCH fut alors invité à exposer le crâne de feu M. Greenacre, qu'il sortit d'un sac bleu, remarquant, lorsqu'il fut invité à faire toutes les observations qui lui venaient à l'esprit, « qu'il le martelerait comme ça. 'ici' la section spectaculaire n'avait jamais semé une crique plus gamer ni lui .

« Une discussion très animée sur cette relique intéressante s'ensuivit ; et, quelque divergence d'opinion surgissant concernant le caractère réel du gentleman décédé, M. Blubb donna une conférence sur le crâne devant lui, démontrant clairement que M. Greenacre possédait l'organe destructeur à un degré des plus inhabituels, avec un développement des plus remarquables. de l'organe de la sculpture . Sir Hookham Snively était sur le point de combattre cette opinion, lorsque le professeur Ketch interrompit soudain les débats en s'écriant avec une grande excitation : « Walker !

» LE PRÉSIDENT pria le savant de rappeler à l'ordre.

» PROFESSEUR KETCH . — « L'ordre soit annulé ! vous vous êtes trompé, je vous le dis. Ce n'est pas du tout non 'ed; c'est une noix de cokéfaction , car mon beau-frère a été sculpteur , pour décorer son nouveau tatur -stall cuit au four, des choses qui arrivent avant que la vile société ne soit dans la ville. Remettez-moi, d'accord ?

« Avec ces mots, le professeur Ketch s'est empressé de reprendre possession de la noix de coco et a sorti le crâne, par erreur pour lequel il l'avait exhibé. Une conversation des plus intéressantes s'ensuivit ; mais comme il est finalement apparu un doute quant à savoir si le crâne était celui de M. Greenacre, ou celui d'un patient hospitalisé, ou celui d'un pauvre, ou celui d'un homme, ou celui d'une femme, ou celui d'un singe, aucun résultat particulier n'a été obtenu.

« Je ne peux pas, dit en conclusion notre talentueux correspondant, terminer mon récit de ces recherches gigantesques et de ces triomphes sublimes et nobles sans répéter un *bon mot* du professeur Woodensconce , qui montre comment les plus grands esprits peuvent parfois se déplier lorsque la vérité peut être présentée. aux oreilles attentives, habillé d'une forme attrayante et ludique. J'étais là quand, après une semaine de festin et de nourriture, ce savant gentleman, accompagné de tout un groupe d'hommes merveilleux, est entré hier dans la salle, où un somptueux dîner a été préparé ; où les vins les plus riches pétillaient sur la planche, et où les gros sous — sacrifices propitiatoires au savoir — envoyaient leurs savoureux les odeurs . "Ah!" » dit le professeur Woodensconce en se frottant les mains, « c'est pour cela que nous nous réunissons ; c'est ce qui nous inspire ; c'est ce qui nous maintient ensemble et nous fait signe d'aller de l'avant ; c'est la *diffusion* de la science, et c'est une diffusion glorieuse.

LA PANTOMIME DE LA VIE

AVANT DE nous lancer tête baissée dans cet article, avouons d'emblée notre penchant pour les pantomimes, notre douce sympathie pour les clowns et les pantalons, notre admiration sans réserve pour les arlequins et les ancolies, notre chaste plaisir dans chaque action de leur brève existence, variée. Aussi variées que soient ces actions, et si incompatibles qu'elles soient parfois avec ces règles rigides et formelles de convenance qui régissent les démarches d'esprits plus mesquins et moins compréhensifs. Nous nous délectons des pantomimes, non pas parce qu'elles éblouissent nos yeux avec des guirlandes et des feuilles d'or ; non pas parce qu'ils nous présentent, une fois de plus, les visages crayeux et les yeux lunettes de notre enfance bien-aimés ; pas même parce que, comme le jour de Noël, la douzième nuit, le mardi gras et notre propre anniversaire, ils ne nous viennent qu'une fois par an ; notre attachement est fondé sur une raison plus grave et très différente. Une pantomime est pour nous un miroir de la vie ; bien plus, nous soutenons qu'il en est ainsi pour le public en général, bien qu'il n'en soit pas conscient, et que cette circonstance même est la cause secrète de son amusement et de son plaisir.

Prenons un léger exemple. La scène est une rue : un monsieur âgé, au visage large et aux traits fortement marqués, apparaît. Son visage rayonne d'un sourire ensoleillé et une fossette perpétuelle apparaît sur sa large joue rouge. C'est de toute évidence un homme âgé et opulent, à l'aise dans ses circonstances et aisé dans le monde. Il n'est pas indifférent à la parure de sa personne, car il est richement, pour ne pas dire criard, habillé ; et qu'il s'adonne dans une mesure raisonnable aux plaisirs de la table, on peut le déduire de la manière joyeuse et huileuse avec laquelle il se frotte le ventre, pour informer l'auditoire qu'il rentre chez lui pour dîner. Dans la plénitude de son cœur, dans la sécurité imaginaire de la richesse, dans la possession et la jouissance de toutes les bonnes choses de la vie, le vieil homme perd soudain pied et trébuche. Comme le public rugit ! Il est assailli par une foule bruyante et officieuse, qui le secoue et le mette sans pitié. Ils crient de joie ! Chaque fois que le vieux monsieur peine à se relever, ses persécuteurs acharnés le renversent à nouveau. Les spectateurs sont convulsés de gaieté ! Et quand enfin le vieux monsieur se lève et s'éloigne en titubant, dépouillé de son chapeau, de sa perruque et de ses vêtements, lui-même mis en pièces, sa montre et son argent disparus, ils sont épuisés de rire et expriment leur gaieté et leur admiration en rond. d'applaudissements.

Est-ce que c'est comme la vie ? Changez le décor en n'importe quelle rue réelle ; en place à la Bourse ou chez le banquier de la ville ; le comptoir du marchand, voire la boutique du commerçant. Voyez l'un de ces hommes tomber, plus brusquement et plus proche du zénith de son orgueil et de sa richesse, mieux ce sera. Quel salut sauvage est élevé sur sa carcasse prostrée par la foule criante ; comme ils crient et crient alors qu'il est humilié sous eux ! Remarquez avec quelle empressement ils s'attaquent à lui quand il est à terre ; et comment ils se moquent de lui et se moquent de lui alors qu'il s'éloigne. Eh bien, c'est la pantomime à la lettre.

De tous les *personnages dramatiques pantomimiques* , nous considérons le pantalon comme le plus sans valeur et le plus débauché. Indépendamment de l'aversion que l'on éprouve naturellement à voir un gentleman de son âge engagé dans des activités tout à fait indignes de sa gravité et de son époque de vie, nous ne pouvons nous dissimuler le fait qu'il est un vieux méchant perfide et à l'esprit mondain, attirant constamment son jeune compagnon. , le clown, se livre à des actes de fraude ou à des petits larcins, et se tient généralement à l'écart pour observer le résultat de l'entreprise. S'il réussit, il n'oublie jamais de revenir pour sa part du butin ; mais si cela échoue , il se retire généralement avec une prudence et une rapidité remarquables, et se tient soigneusement à l'écart jusqu'à ce que l'affaire soit terminée. Ses penchants amoureux sont aussi éminemment désagréables ; et sa manière de s'adresser aux dames en pleine rue à midi est tout à fait inappropriée, n'étant généralement ni plus ni moins qu'un chatouillement perceptible desdites dames à la taille, après avoir commis cela, il recule, visiblement honteux (comme eh bien, il peut l'être) de sa propre inconvenance et de sa témérité ; continuant néanmoins à les lorgner et à leur faire signe à distance d'une manière très désagréable et immorale.

Y a-t-il un homme qui ne compte pas une douzaine de pantalons dans son propre cercle social ? Y a-t-il quelqu'un qui ne les ait pas vus pulluler à l'extrémité ouest de la ville par une journée ensoleillée ou une soirée d'été, exécutant ces derniers exploits pantomime avec autant d'énergie alcoolique et une absence totale de réserve, comme si ils étaient sur la scène même ? Nous pouvons reconnaître sur nos doigts une douzaine de pantalons de notre connaissance en ce moment, des pantalons capitaux, qui se sont livrés à toutes sortes de bizarreries, au grand amusement de leurs amis et connaissances, depuis des années ; et qui font encore aujourd'hui des tentatives si comiques et si inefficaces pour être jeunes et dissolus, que tous les spectateurs sont prêts à mourir de rire.

Prenez ce vieux monsieur qui vient de sortir du *Café de l'Europe* à Haymarket, où il dîne aux dépens du jeune homme de la ville à qui il serre la main en se séparant à la porte de la taverne. La chaleur affectée de cette poignée de main, le signe de tête courtois, le souvenir évident du dîner, le savoureux dont la saveur pend encore à ses lèvres, sont autant de caractéristiques de son grand prototype. Il boitille en fredonnant un air d'opéra et en faisant tournoyer sa canne d'avant en arrière avec une insouciance affectée. Tout à coup il s'arrête : c'est à la fenêtre de la modiste. Il regarde à travers l'une des grandes vitres ;

et, sa vue sur les dames à l'intérieur étant obstruée par les châles indiens, dirige son attention vers la jeune fille avec la boîte à ruban à la main, qui regarde également par la fenêtre. Voir! il se rapproche d'elle. Il tousse ; elle se détourne de lui. Il s'approche à nouveau d'elle ; elle ne le tient pas compte. Il la jette joyeusement sous le menton et, reculant de quelques pas, hoche la tête et lui fait signe avec des grimaces fantastiques, tandis que la jeune fille jette un regard méprisant et hautain sur son visage ridé. Elle se détourne avec un volant, et le vieux monsieur trottine après elle avec un rire édenté. Le pantalon à la vie !

Mais la ressemblance qu'ont les clowns de la scène avec ceux de la vie quotidienne est tout à fait extraordinaire. Certains parlent avec un soupir du déclin de la pantomime et murmurent à voix basse et lugubre le nom de Grimaldi. Nous ne voulons pas dénigrer le digne et excellent vieillard lorsque nous disons que cela est carrément absurde. Les clowns qui ont battu Grimaldi pour rien reviennent tous les jours, et personne ne les prend en charge – c'est encore plus dommage !

« Je sais de qui vous parlez », dit quelque patron au visage sale de M. Osbaldistone , déposant le Mélange quand il en est arrivé là, et jetant sur un poste vacant un regard des plus entendus ; "Vous voulez dire CJ Smith, tout comme Guy Fawkes et George Barnwell au Garden." Le gentleman au visage sale a à peine prononcé ces mots, qu'il est interrompu par un jeune gentleman sans col de chemise et en manteau Petersham . « Non, non », dit le jeune gentleman ; « il veut dire Brown, King et Gibson, au « Delphi ». Maintenant, avec une grande déférence à la fois pour le premier monsieur au visage sale et pour le dernier monsieur au col de chemise inexistant, nous ne *parlons* ni de l'interprète qui a si grotesquement burlesqué le conspirateur papiste, ni des trois des immuables qui dansent la même danse sous différents titres imposants, et font la même chose sous divers noms ronflants depuis cinq ou six ans . A peine avons-nous fait cet aveu, que le public, qui a été jusqu'ici des témoins silencieux de la dispute, se demande de quoi diable nous *parlons* ; et, avec respect, nous procédons à leur dire.

Il est très bien connu de tous les spectateurs et amateurs de pantomime que les scènes dans lesquelles un clown de théâtre est au faîte de sa gloire sont celles qui sont décrites dans les affiches comme « la fromagerie et l'entrepôt de vaisselle », ou « Boutique de tailleur et pension de Mme Queertable , ou lieux portant un titre similaire, où le grand plaisir de la chose consiste à prendre un logement qu'il n'a pas la moindre intention de payer, ou à obtenir des marchandises sous de faux prétextes . ou en détournant le stock du respectable commerçant d'à côté, ou en dévalisant les porteurs d'entrepôt lorsqu'ils passent sous sa fenêtre, ou, pour abréger le catalogue, en escroquant tout le monde qu'il peut, il ne reste plus qu'à observer que, le plus l'escroquerie est étendue, et plus l'impudence de l'escroc est évidente, plus le ravissement et l'extase du public sont grands. Or, c'est un fait tout à fait remarquable que ce genre de choses se produisent précisément dans la vie réelle, jour après jour, et que personne n'en voit l' humour . Illustrons notre position en détaillant l'intrigue de cette partie de la pantomime – non du théâtre, mais de la vie.

L' honorable capitaine Fitz-Whisker Fiercy , accompagné de son domestique Do'em - un serviteur des plus respectables à regarder, qui a grisonné au service de la famille du capitaine - voit, traite et finalement obtient la possession du non meublé. maison, tel numéro, telle rue. Tous les commerçants du quartier se battent pour la coutume du capitaine ; le capitaine est un homme bon, bon, facile, et, pour ne décevoir personne, il donne les ordres à tous avec la plus belle élégance. Des paniers de vin, des paniers de provisions, des charrettes de meubles, des boîtes de bijoux , des fournitures de luxe des plus coûteuses, affluent vers la maison de l' honorable capitaine Fitz-Whisker Fiercy , où ils sont reçus avec la plus grande empressement par le très respectable Do'em ; tandis que le capitaine lui-même se pavane et se pavane avec cet air composé de supériorité consciente et de soif de sang générale qu'un capitaine militaire devrait toujours, et porte la plupart du temps, à l'admiration et à la terreur des hommes plébéiens. Mais à peine les commerçants ont-ils le dos tourné, que le capitaine, avec toute l'excentricité d'un esprit puissant, et secondé par le fidèle Do'em , dont la fidélité dévouée n'est pas la partie la moins touchante de son caractère, dispose de tout avec un grand avantage. ; car, bien que les articles rapportent de petites sommes, ils sont néanmoins vendus considérablement au-dessus du prix de revient, le coût pour le capitaine ayant été nul du tout. Après diverses manœuvres , l'imposture est découverte, Fitz- Fiercy et Do'em sont reconnus comme complices, et le commissariat où ils sont tous deux conduits est rempli de leurs dupes.

Qui ne reconnaîtrait là l'exacte contrepartie de la meilleure partie d'une pantomime théâtrale : Fitz-Whisker Fiercy du clown ; Faites-les par le pantalon ; et surnuméraires par les commerçants ? Le meilleur de la plaisanterie, aussi, c'est que le marchand de charbon qui se plaint le plus bruyamment contre la personne qui l'a fraudé est le même homme qui était assis au centre de la première rangée de la mine la nuit dernière et a ri. le plus bruyant à cette même chose, — et pas si bien fait non plus. Parlons de Grimaldi, on le répète ! Grimaldi, dans ses meilleurs jours, a-t-il déjà fait quelque chose d'égal à Da Costa ?

L'évocation de ce dernier clown justement célèbre rappelle sa dernière plaisanterie , l'obtention frauduleuse de certaines acceptations tamponnées d'un jeune gentilhomme de l'armée. A peine avions-nous posé la plume pour contempler quelques instants l'interprétation par cet admirable acteur de cette exquise farce, qu'une nouvelle branche de notre sujet se présenta soudain à nous. Nous le reprenons donc immédiatement.

Tous ceux qui ont été dans les coulisses, et la plupart de ceux qui ont été avant eux, savent que dans la représentation d'une pantomime, bon nombre d'hommes sont envoyés sur scène dans le but exprès d'être trompés, ou renversés, ou les deux. Or, jusqu'à il y a un instant, nous n'avions jamais pu comprendre dans quel but possible un grand nombre d' hommes bizarres, paresseux et à grosse tête, qu'on a l'habitude de rencontrer ici et là et partout, pourraient jamais a été créé. Nous voyons tout, maintenant. Ce sont les figurants de la pantomime de la vie ; les hommes qui y ont été jetés, sans autre intention que de se renverser sans cesse les uns sur les autres, et de se heurter la tête à toutes sortes de choses étranges. Nous nous sommes assis en face d'un de ces hommes à une table de souper, la semaine dernière encore. Maintenant qu'on y pense, il était exactement comme ces messieurs aux têtes et aux visages en carton, qui font le travail correspondant dans les pantomimes théâtrales ; il y avait la même grande minauderie impassible, le même œil terne et plombé, le même regard insignifiant et vide ; et quoi qu'on dise ou quoi qu'on fasse, il arrivait toujours précisément au mauvais endroit, ou se bousculait contre quelque chose avec lequel il n'avait pas le moindre affaire. Nous avons regardé l'homme de l'autre côté de la table encore et encore ; et nous ne pouvions pas nous assurer de la race d'êtres avec laquelle le classer. Comme c'est très étrange que cela ne nous soit jamais venu à l'esprit auparavant !

Nous avouerons franchement que nous avons été très troublés par l'Arlequin. Nous voyons des arlequins de tant de sortes dans la véritable pantomime vivante, que nous savons à peine lequel choisir comme le digne camarade des théâtres. A une certaine époque, nous étions portés à croire que l'arlequin n'était ni plus ni moins qu'un jeune homme de famille et de propriété indépendante, qui s'était enfui avec une danseuse d'opéra et trompait sa vie et ses moyens dans des amusements légers et triviaux. . Cependant, après réflexion, nous nous sommes rappelés que les arlequins sont parfois coupables d'actes spirituels et même intelligents, et nous sommes plutôt disposés à acquitter nos jeunes gens de propriété familiale et indépendante, en général, de tels délits . Après une considération plus mûre du sujet, nous sommes arrivés à la conclusion que les arlequins de la vie ne sont que des hommes ordinaires, ne se trouvant dans aucun domaine ni degré particulier, à qui une certaine position, ou une conjonction particulière de circonstances, confère la magie. baguette magique. Et cela nous amène à quelques mots sur la pantomime de la vie publique et politique, que nous dirons tout de suite, puis conclurons, en partant simplement ici du fait que nous refusons toute référence à l'ancolie, n'étant en aucune façon satisfaits de l'importance de l'ancolie. nature de sa relation avec son amant parti de couleur , et ne sentant pas du tout clairement que nous devrions être justifiés de la présenter aux dames vertueuses et respectables qui parcourent nos élucubrations .

Nous considérons que le début d'une session parlementaire n'est ni plus ni moins que le lever du rideau pour une grande pantomime comique, et que le discours le plus gracieux de Sa Majesté à l'ouverture de celle-ci ne peut pas être comparé à tort au discours d'ouverture du clown. de « Nous y sommes ! » « Mes seigneurs et messieurs, nous y sommes ! Cela semble, du moins à notre avis, être un très bon résumé du point et de la signification du discours propitiatoire du ministère. Quand on songe à la fréquence de ce discours, immédiatement après *le changement* aussi, le parallèle est tout à fait parfait et plus singulier encore.

Peut-être que le casting de notre pantomime politique n'a jamais été plus riche qu'aujourd'hui. Nous sommes particulièrement forts en clowns. Jamais auparavant, dirions-nous, nous n'avons eu des interprètes aussi étonnants, ni des interprètes aussi disposés à accomplir l'ensemble de leurs exploits pour le plaisir d'une foule admirative. Leur extrême empressement à exposer a, en effet, donné lieu à quelques réflexions malveillantes ; on lui a objecté qu'en exposant gratuitement à travers le pays lorsque le théâtre est fermé, ils se réduisent au rang de saltimbanques et tendent par là à dégrader la respectabilité de la profession. Certes, Grimaldi n'a jamais fait ce genre de chose ; et bien que Brown, King et Gibson soient allés dans le Surrey pendant leurs vacances et que MCJ Smith se soit installé à la campagne à Sadler's Wells, nous ne trouvons aucun précédent théâtral pour une déferlante générale à travers le pays, sauf chez le monsieur, dont le nom est inconnu, qui a lancé summersets au nom de feu M. Richardson, et qui ne fait pas autorité non plus, car il n'a jamais fait partie des conseils d'administration réguliers.

Mais, laissant de côté cette question, qui après tout n'est qu'une question de goût, nous pouvons réfléchir avec fierté et satisfaction du cœur sur la compétence de nos clowns telle qu'elle se manifeste au cours de la saison. Nuit après nuit, ils se tortilleront et se retourneront jusqu'à deux, trois et quatre heures du matin ; ils faisaient les pitreries les plus étranges et se donnaient les claques les plus drôles qu'on puisse imaginer, sans manifester le moindre signe de fatigue. Les bruits étranges, la confusion, les cris et les rugissements au milieu desquels tout cela se fait aussi feraient honte à la galerie à six sous la plus turbulente qui ait jamais crié pendant une soirée de boxe.

Il est particulièrement curieux de voir un de ces clowns contraint aux contorsions les plus surprenantes sous l'influence irrésistible de la baguette de fonction que son chef ou arlequin tient au-dessus de sa tête. Agité par ce merveilleux charme, il deviendra parfaitement immobile, ne bougeant ni la main, ni le pied, ni le doigt, et perdra même la faculté de parler à un instant ; ou bien, au contraire, il deviendra toute vie et toute animation s'il le faut, déversant un torrent de mots sans sens ni signification, se jetant dans les contorsions les plus folles et les plus fantastiques, et même rampant sur la terre et léchant la poussière. Ces expositions sont plus curieuses que plaisantes ; en fait, ils sont plutôt dégoûtants qu'autrement, sauf pour les admirateurs de telles choses, avec lesquels nous avouons ne pas avoir de sympathie.

Des tours étranges, des tours très étranges, sont également exécutés par l'arlequin qui tient momentanément la baguette magique dont nous venons de parler. Le simple fait de l'agiter devant les yeux d'un homme dépossédera son cerveau de toutes les notions qui y étaient auparavant emmagasinées et le remplira d'un ensemble d'idées entièrement nouvelles ; une légère tape sur le dos modifiera complètement la couleur du manteau d'un homme ; et il y a des artistes experts qui, ayant cette baguette tenue d'abord d'un côté puis de l'autre, changeront d'un côté à l'autre, retournant leur manteau à chaque évolution, avec tant de rapidité et de dextérité, que l'œil le plus rapide peut à peine détecter leurs mouvements. Parfois, le génie qui confère la baguette l'arrache des mains du possesseur temporaire et la confie à quelque nouvel interprète ; auquel cas tous les personnages changent de camp, et alors la course et les coups durs recommencent.

Nous aurions pu étendre ce chapitre beaucoup plus longuement — nous aurions pu porter la comparaison aux professions libérales — nous aurions pu montrer, comme c'était d'ailleurs notre propos initial, que chacune est en elle-même une petite pantomime avec des scènes et des personnages de son genre. posséder, compléter; mais, comme nous craignons d'avoir déjà été assez long, nous laisserons ce chapitre tel qu'il est. Un gentleman, pas tout à fait inconnu comme poète dramatique, écrivait ainsi il y a un an ou deux :

« Le monde entier est une scène,
et tous les hommes et toutes les femmes ne sont que des acteurs : »

et nous, suivant ses traces à la petite distance à peine mentionnée de quelques millions de lieues en arrière, nous osons ajouter, en guise de lecture nouvelle, qu'il voulait dire une Pantomime, et que nous sommes tous acteurs de La Pantomime de Vie.

QUELQUES PARTICULARITÉS CONCERNANT UN LION

NOUS avons un grand respect pour les lions dans l'abstrait. Comme la plupart des autres personnes, nous avons entendu et lu de nombreux exemples de leur courage et de leur générosité. Nous avons dûment admiré cet abnégation héroïque et cette charmante philanthropie qui les pousse à ne jamais manger les gens sauf quand ils ont faim, et nous avons été profondément impressionnés par le sens convenable de la politesse qu'ils sont censés manifester envers les dames célibataires d'un certain état. . Toutes les histoires naturelles regorgent d'anecdotes illustrant leurs excellentes qualités ; et un vieux livre d'orthographe en particulier raconte l'exemple touchant d'un vieux lion, d'une haute dignité morale et de principes sévères, qui sentit qu'il était de son devoir impératif de dévorer un jeune homme qui avait pris l'habitude de jurer, comme exemple frappant pour le génération montante.

Tout cela est extrêmement agréable à réfléchir et, en fait, en dit long en faveur des lions en tant que masse. Nous sommes obligés de déclarer, cependant, que les lions individuels que nous avons rencontrés n'ont pas présenté de caractéristiques très frappantes et n'ont pas agi à la hauteur du caractère chevaleresque que leurs chroniqueurs leur ont attribué. Nous n'avons certainement jamais vu de lion dans ce qu'on appelle son état naturel ; c'est-à-dire que nous n'avons jamais rencontré de lion se promenant dans une forêt, ou accroupi dans sa tanière sous un soleil tropical, attendant que son dîner arrive, tout chaud de chez le boulanger. Mais nous en avons vu sous l'influence de la captivité et sous la pression du malheur ; et il faut dire qu'ils nous ont paru des gens très apathiques et lourds de tête.

Le lion du Jardin Zoologique, par exemple. Il va très bien ; il a une crinière indéniable et a l'air très féroce ; mais, Seigneur, bénis-nous ! qu'en est-il de ça ? Les lions du monde à la mode sont tout aussi féroces et sont les créatures respirantes les plus inoffensives. Un lion dans une loge ou un animal de Regent Street prendra un aspect des plus terribles et rugira de peur si vous l'affrontez ; mais il ne mordra jamais et, si vous proposez de l'attaquer virilement, il tournera la queue et s'enfuira furtivement. Sans aucun doute, ces créatures errent parfois en troupeaux, et, si elles rencontrent un individu particulièrement doux et paisible, elles s'efforceront de l'effrayer ; mais la moindre démonstration de résistance vigoureuse suffit même alors à les effrayer. Ce sont des caractéristiques agréables, alors que nous reprochons clairement au lion zoologique et à ses frères des foires d'être des quadrupèdes somnolents, rêveurs et lents.

Nous ne nous souvenons pas d'en avoir jamais vu un parfaitement éveillé, sauf à l'heure du repas. À tous égards, nous défendons les lions bipèdes contre leurs homonymes à quatre pattes, et nous contestons hardiment la controverse sur le sujet.

Avec ces opinions, on peut facilement imaginer que notre curiosité et notre intérêt ont été très excités l'autre jour, lorsqu'une dame de notre connaissance nous a rendu visite et a résolument refusé d'accepter notre refus de son invitation à une soirée ; car, dit-elle, j'ai un lion qui arrive. Nous avons immédiatement rétracté notre demande d'engagement antérieur et sommes devenus aussi impatients de partir que nous l'avions été auparavant de rester à l'écart.

Nous partîmes de bonne heure et nous postâmes dans une partie convenable du salon, d'où nous pouvions espérer avoir une vue complète de l'intéressant animal. Deux ou trois heures passèrent, les quadrilles commencèrent, la salle se remplit ; mais aucun lion n'apparut. La maîtresse de maison devint inconsolable, car c'est un des privilèges particuliers de ces lions que de prendre des rendez-vous solennels et de ne jamais les honorer, quand tout à coup on entendit un double coup formidable à la porte de la rue, et le maître de la maison, après s'être glissé (inaperçu alors qu'il se flattait) pour jeter un coup d'œil par-dessus les rampes, entra dans la pièce en se frottant les mains avec une grande joie, et s'écria d'une voix très importante : « Mon cher, monsieur… » en nommant le lion) ce moment est-il arrivé.

Là-dessus, tous les regards se tournèrent vers la porte, et nous vîmes plusieurs jeunes dames, qui riaient et causaient auparavant avec beaucoup de gaieté et de bonne humeur , devenir extrêmement calmes et sentimentales ; tandis que quelques jeunes messieurs, qui avaient fait de grandes figures en plaisantant et en bavardant, tombèrent soudain très visiblement dans l'estime de la société et furent regardés avec beaucoup de froideur et d'indifférence. Même le jeune homme à qui le magasin de musique avait demandé de jouer du pianoforte était visiblement affecté et frappait plusieurs fausses notes dans l'excès de son excitation.

Pendant tout ce temps, il y eut une grande conversation dehors, accompagnée plus d'une fois de rires bruyants et de cris : « Oh ! capital! excellent!' d'où nous avons déduit que le lion était joyeux, et que ces exclamations étaient occasionnées par les transports de son gardien et de notre hôte. Nous n'avons pas non plus été trompés ; car lorsque le lion apparut enfin, nous entendîmes son gardien, qui était un petit homme primitif, murmurer à plusieurs messieurs de sa connaissance, les mains levées et toutes les expressions d'admiration à moitié réprimées, que ... (en nommant à nouveau le lion) était à *ce* moment-là, ce soir !

Le lion était littéraire. Bien sûr, il y avait un grand nombre de personnes présentes qui avaient admiré ses rugissements et étaient impatientes d'être présentées à lui ; et c'était très agréable de les voir élevés à cet effet, et d'observer la dignité patiente avec laquelle il recevait toutes leurs caresses et caresses. Cela nous a rappelé avec force ce que nous avions si souvent vu dans les foires de campagne , où les autres lions sont obligés de faire preuve de toutes les formes de courtoisie qu'ils ont l'occasion de connaître, aussi souvent que des groupes d'admiration se présentent à eux. .

Pendant que le lion s'exhibait ainsi, son gardien ne restait pas inactif, car il se mêlait à la foule et répandait ses louanges avec le plus grand zèle. Il murmura à un gentleman quelque chose de très choisi que le noble animal avait dit au moment même de monter les escaliers, ce qui, bien sûr, rendait l'effort mental encore plus étonnant ; à un autre, il murmura le récit précipité d'un grand dîner qui avait eu lieu la veille, où vingt-sept messieurs s'étaient levés en même temps pour demander une acclamation supplémentaire pour le lion ; et aux dames il fit diverses promesses d'intercéder pour obtenir le manuel de signatures de la majestueuse brute pour leurs albums. Ensuite, il y avait peu de consultations privées dans différents coins, relatives à l'apparence personnelle et à la stature du lion ; s'il était plus petit que ce à quoi ils s'attendaient, ou plus grand, ou plus mince, ou plus gros, ou plus jeune, ou plus âgé ; s'il ressemblait à son portrait ou s'il n'en était pas différent ; et si la teinte particulière de ses yeux était noire, ou bleue, ou noisette, ou verte, ou jaune, ou un mélange. À toutes ces consultations, le gardien assistait ; et, en bref, le lion était le seul et unique sujet de discussion jusqu'à ce qu'ils le fassent asseoir au whist, et alors les gens retombaient dans leurs anciens sujets de conversation, eux-mêmes et entre eux.

Il faut avouer que nous attendions avec une certaine impatience l'annonce du souper ; car si vous désirez voir un lion apprivoisé dans des circonstances particulièrement favorables , l'heure du repas est la période sur laquelle vous pouvez vous lancer pendant toutes les autres. Nous fûmes donc très heureux d'observer parmi les convives une sensation que nous savions bien interpréter, et aussitôt après de voir le lion escorter la maîtresse de maison en bas. Nous avons offert notre bras à une femme âgée de notre connaissance, qui – chère vieille âme ! – est la meilleure personne qui ait jamais vécu, pour nous conduire à un repas ; car, que la salle soit si petite ou la fête aussi grande, elle est sûre, par quelque perception intuitive des éligibles, de se pousser et de se tirer, elle et son conducteur, près des meilleurs plats sur la table ; — nous disons que nous avons offert notre bras à cette vieille femme, et, descendant les escaliers peu après le lion, ils eurent la chance d'obtenir un siège presque en face de lui.

Bien sûr, le gardien était déjà là. Il s'était placé précisément à cette distance de sa charge qui lui fournissait un prétexte décent pour élever la voix, lorsqu'il s'adressait à lui sur une touche si forte qu'elle ne pouvait manquer d'attirer l'attention de toute la compagnie, et commença immédiatement à s'applique sérieusement à la tâche de faire sortir le lion et de lui faire faire l'ensemble de ses manœuvres . Quels éclairs d'esprit il a suscités chez le lion ! On commença d'abord à faire des jeux de mots sur une salière, puis sur la poitrine d'un poulet, puis sur la bagatelle ; mais les meilleures plaisanteries de toutes concernaient décidément la salade de homard, sur laquelle le lion se montra le plus vigoureusement et, de l'avis des autorités les plus compétentes, se surpassait complètement. C'est là une très excellente façon de briller en société, et elle est fondée, nous le concevons humblement, sur le modèle classique des dialogues entre M. Punch et son ami le propriétaire, dans lesquels ce dernier prend en charge tout le travail et se contente de à l'écoute des plaisanteries et des réparties de M. P. lui-même, qui ne manque jamais de gagner un grand crédit et de susciter ainsi beaucoup de rire. Cependant, quel que soit le fondement sur lequel il repose, nous le recommandons à tous les lions, présents et à venir ; car dans ce cas, il réussit à susciter l'admiration et éblouit parfaitement tout le corps des auditeurs.

Lorsque la salière, le magret de volaille, la bagatelle et la salade de homard furent tous épuisés et ne purent plus offrir de place pour un autre mot d'esprit solitaire, le gardien accomplit cet exploit très dangereux qui se fait encore avec certains des les lions de la caravane, bien que dans un cas cela se soit terminé fatalement, de mettre sa tête dans la gueule de l'animal et de se mettre entièrement à sa merci. Boswell présente fréquemment un exemple mélancolique des résultats lamentables de cette réalisation, et d'autres gardiens et chacals ont été terriblement lacérés pour leur audace. C'est à notre lion de déclarer qu'il a daigné se laisser plaisanter de la manière la plus douce , et qu'il est finalement rentré chez lui avec le showman dans un fiacre : parfaitement paisible, mais légèrement embrouillé.

Étant d'humeur contemplative, nous fûmes amenés à faire quelques réflexions sur le caractère et la conduite de cette espèce de lions tandis que nous retournions chez nous, et nous ne tardâmes pas à arriver à la conclusion que notre ancienne impression en leur faveur était beaucoup renforcée et confirmé par ce que nous avions vu récemment. Tandis que les autres lions reçoivent de la compagnie et des compliments d'une manière maussade, maussade, pour. ne pas dire hargneuse, ceux-ci semblent flattés par les attentions qui leur sont portées ; tandis que ceux-ci se cachent au maximum de leur pouvoir du regard vulgaire, ceux-ci courtisent l'œil populaire et, contrairement à leurs frères, que rien d'autre que la contrainte ne pousse à l'effort, sont toujours prêts à montrer leurs connaissances à la foule émerveillée. Nous avons connu des ours d'une habileté incontestable qui, lorsque les attentes d'un nombreux public étaient poussées à leur paroxysme, refusaient péremptoirement de danser ; des singes bien élevés, qui se sont inexplicablement opposés à l'exposition sur le fil détendu ; et des éléphants au génie incontesté, qui ont soudainement refusé de faire fonctionner l'orgue de Barbarie ; mais nous n'avons jamais connu ni entendu parler d'un lion bipède, littéraire ou autre, - et nous le déclarons comme un fait hautement honorable pour l'espèce entière, - qui, l'occasion s'en présentant, n'a saisi avec avidité aucune opportunité qui lui était offerte. lui, de jouer à sa guise au premier violon.

M. ROBERT BOLTON
LE « GENTLEMAN CONNECTÉ À LA PRESSE »

DANS le salon du Green Dragon, un pub situé à proximité immédiate du pont de Westminster, tout le monde parle politique, tous les soirs, la grande autorité politique étant M. Robert Bolton, un individu qui se définit comme « un gentleman lié à la presse ». ', qui est une définition d'une indétermination particulière. Le cercle régulier d'admirateurs et d'auditeurs de M. Robert Bolton est un entrepreneur de pompes funèbres, un marchand de légumes, un coiffeur, un boulanger, un gros ventre surmonté d'une tête d'homme, et placé sur le dessus de deux jambes particulièrement courtes, et un homme mince en noir, nom, profession et poursuite inconnus, qui est toujours assis dans la même position, affiche toujours le même visage long et vide, et n'ouvre jamais les lèvres, entouré comme il l'est de la conversation la plus enthousiaste, sauf pour souffler un volume de fumée de tabac, ou laissez libre cours à un ourlet très vif, bruyant et *strident* ! La conversation tourne parfois sur la littérature, M. Bolton étant un personnage littéraire, et toujours sur les nouvelles du jour que possède exclusivement cet individu talentueux. Je me suis retrouvé (bien sûr, par hasard) dans le Dragon Vert l'autre soir et, quelque peu amusé par la conversation qui a suivi, je l'ai conservé.

« Pouvez-vous me prêter un billet de dix livres jusqu'à Noël ? s'enquit le coiffeur du ventre.

« Où est votre sécurité, M. Clip ?

« Mon stock de commerce, il y en a assez, je pense, M. Thicknesse . Une cinquantaine de perruques, deux bâtons, une demi-douzaine de blocs de tête et un Bruin mort.

"Non, je ne le ferai pas, alors", grogna Thicknesse . « Je ne prête rien non plus à la sécurité des Whigs ou des Polonais. Quant aux whigs , ce sont des tricheurs ; quant aux Polonais, ils n'ont pas d'argent. Je n'ai jamais rien à voir avec les imbéciles, à moins que je ne puisse pas m'en empêcher (ironiquement), et un ours mort m'est à peu près aussi utile que je pourrais l'être à un ours mort.

« Eh bien, » insista l'autre, « il y a un livre ayant appartenu à Pope, Byron's Poems, évalué à quarante livres, parce qu'il porte la même égratignure que Pope au dos ; qu'en pensez-vous pour la sécurité ?

"Eh bien, bien sûr!" s'écria le boulanger. « Mais que voulez-vous dire, M. Clip ?

'Signifier! eh bien, qu'il y a le *plus bourru* de Pope.

« Ne volez pas ce livre, de peur de la corde du bourreau ;
Car il appartient à Alexander Pope.

Tout cela est écrit à l'intérieur de la reliure du livre ; alors, comme le dit mon fils, nous sommes *obligés* d'y croire.

«Eh bien, monsieur, observa avec déférence et à demi-murmure l'entrepreneur de pompes funèbres, se penchant sur la table et renversant le grog du coiffeur tout en parlant, cette dispute est très facile à renverser.»

"Peut-être, monsieur," dit Clip, un peu agité, "vous paierez pour le premier bouleversement avant de penser à un autre."

"Maintenant," dit l'entrepreneur de pompes funèbres en s'inclinant amicalement devant le coiffeur, "je *pense* , je dis, je *pense* ... vous m'excuserez, M. Clip, je *pense* , vous voyez, que cela ne passera pas avec la société actuelle..." malheureusement, mon maître a eu l' honneur de fabriquer le cercueil de cette ancienne servante du Seigneur, il n'y a pas plus de vingt ans . Ne pensez pas que j'en suis fier, messieurs ; d'autres pourraient l'être ; mais je déteste tout rang. Je n'ai pas plus de respect pour le valet de pied d'un seigneur que pour n'importe quel commerçant respectable présent dans cette pièce. Je ne peux pas en dire plus et je n'en ai pas pour M. Clip ! (s'inclinant). Par conséquent, ce Seigneur doit être né bien après la mort du Pape. Et c'est une interférence logique de différer, qu'aucun d'eux n'ait vécu en même temps. Donc ce que je veux dire ici, c'est que le Pape n'a jamais eu de livre, n'a jamais eu de graine, n'a jamais senti, n'a jamais senti aucun livre (triomphalement) comme ayant appartenu à cet ancien Seigneur. Et, messieurs, quand je considère avec quelle patience vous avez écouté les idées que j'ai exprimées, je me sens obligé, comme meilleur moyen de vous récompenser de la bonté dont vous avez fait preuve, de m'asseoir sans rien dire de plus - plus particulier à ce que je perçois. un visiteur plus digne que moi vient d'entrer. Je n'ai pas l'habitude de vous faire des compliments, messieurs ; quand je le fais, j'espère donc frapper avec une double force.

« Ah, M. Murgatroyd ! qu'est-ce que ça fait de frapper avec une double force ? » dit l'objet de la remarque ci-dessus en entrant. « Je n'excuse jamais qu'un homme se mette en colère pendant l'hiver, même lorsqu'il est assis aussi près du feu que vous. Il est très peu judicieux de se mettre à une telle transpiration. Quelle est la cause de cette extrême excitation physique et mentale, monsieur ?

Tel était le discours très philosophique de M. Robert Bolton, sténographe, comme il se qualifiait lui-même, un peu d'équivoque passagère parmi sa fraternité, et qui doit donner aux non-initiés une vaste idée de l'établissement de l'organe ministériel, tandis que pour les initiés, cela signifie qu'aucun journal ne peut prétendre à la jouissance de leurs services. M. Bolton était un jeune homme, avec une expression de visage quelque peu maladive et très dissipée. Ses vêtements étaient composés d'une union exquise de gentillesse, de négligence, d'hypothèse, de simplicité, *de nouveauté* et de vieillesse. La moitié de lui était habillée pour l'hiver, l'autre moitié pour l'été. Son chapeau était de la coupe la plus récente, le D'Orsay ; son pantalon était blanc, mais les incrustations de boue et d'encre, etc., lui avaient donné une apparence chauve ; il portait autour du cou une très haute cravate noire, de la raideur la plus tyrannique ; tandis que son *tout ensemble* était caché sous les plis énormes d'un vieux manteau brun à col de caniche, étroitement boutonné jusqu'à la cravate susmentionnée. Ses doigts regardaient à travers les extrémités de ses gants de chevreau noirs, et deux des orteils de chaque pied avaient une vision similaire de la société à travers les extrémités de ses hauts et bas. Sacrés sur les murs nus de sa mansarde soient les mystères de sa tenue intérieure ! C'était un homme petit, simple, d'un comportement quelque peu inférieur. Tout le monde semblait influencé par son entrée dans la salle, et son salut envers chaque membre avait un caractère condescendant. Le coiffeur lui fit une place entre lui et le ventre. Une minute après, il avait pris possession de sa pinte et de sa pipe. Une pause dans la conversation a eu lieu. Tout le monde attendait, impatient de sa première observation.

« Horrible meurtre à Westminster ce matin », observa M. Bolton.

Tout le monde a changé de position. Tous les regards étaient fixés sur l'homme aux paragraphes.

"Un boulanger a assassiné son fils en le faisant bouillir dans un cuivre", a déclaré M. Bolton.

'Bonté divine!' s'exclamèrent tout le monde, simultanément horrifiés.

« Je l'ai fait bouillir, messieurs ! » ajouta M. Bolton avec l'accent le plus efficace ; ' l' *a fait bouillir* !'

« Et les détails, Monsieur B., » demanda le coiffeur, « les détails ?

M. Bolton prit une très longue gorgée de porter et quelques deux ou trois douzaines d'inhalations de tabac, sans doute pour inculquer aux capacités commerciales de la compagnie la supériorité d'un gentleman lié à la presse, puis dit :

« Cet homme était boulanger, messieurs. (Tout le monde regardait le boulanger présent, qui fixait Bolton.) « Sa victime, étant son fils, était aussi nécessairement le fils d'un boulanger. Le misérable meurtrier avait une femme à laquelle il avait fréquemment l'habitude, lorsqu'il était en état d'ébriété, de donner des coups de pied, de frapper , de lancer des tasses, de renverser et de tuer à moitié pendant qu'il était au lit, en lui insérant dans la bouche une portion considérable de un drap ou une couverture.

L'orateur a pris une autre gorgée, tout le monde s'est regardé et s'est exclamé : « Horrible !

« Il apparaît clairement, messieurs, continua M. Bolton, que hier soir, Sawyer, le boulanger, est rentré à la maison dans un état répréhensible de bière. Mme S., respectueuse sur le plan conjugal, le porta dans cet état jusqu'à sa chambre et l'envoya sur leur canapé commun. Au bout d'une minute ou deux, elle dormait à côté de l'homme dont l'aube du lendemain voyait un meurtrier ! (Un silence total informa le journaliste que sa photo avait atteint l'effet épouvantable qu'il désirait.) « Le fils rentra à la maison environ une heure après, ouvrit la porte et monta se coucher. A peine (messieurs, concevez son inquiétude), à peine avait-il ôté ses indescriptibles , que des cris (à son oreille expérimentée, des cris *maternels*) effrayèrent le silence de la nuit environnante. Il remit ses indescriptibles et descendit en courant. Il ouvrit la porte de la chambre parentale. Son père dansait sur sa mère. Quels ont dû être ses sentiments ! Dans l'agonie de la minute, il s'est précipité sur son parent mâle alors qu'il s'apprêtait à enfoncer un couteau dans le flanc de sa femelle. La mère a crié. Le père attrapa le fils (qui avait arraché le couteau des mains paternelles) dans ses bras, le porta en bas, le poussa dans un récipient d'eau bouillante parmi du linge, ferma le couvercle et sauta dessus. , position dans laquelle il fut trouvé avec un visage féroce par la mère, qui arriva dans le lavoir mélancolique au moment où il s'était ainsi installé.

« « Où est mon garçon ? » cria la mère.

« Dans ce cuivre, bouillant », répondit froidement le père bienveillant.

« Frappée par cette terrible nouvelle, la mère s'est précipitée hors de la maison et a alarmé le quartier . La police est entrée une minute plus tard. Le père, après avoir verrouillé la porte du lavoir, s'était verrouillé lui-même. Ils tirèrent du chaudron le corps sans vie du boulanger bouilli et, avec une rapidité louable chez des hommes de leur condition, ils le portèrent immédiatement au commissariat. Par la suite, le boulanger a été appréhendé alors qu'il était assis au sommet d'un lampadaire dans la rue du Parlement, en train d'allumer sa pipe.

Toute l'horrible idéalité des Mystères d' Udolphe , condensée dans l'effet concis d'un paragraphe de dix lignes, n'aurait pas pu affecter à ce point l' ouïe du narrateur . Le silence, le plus pur et le plus noble de tous les applaudissements, témoignait amplement de la barbarie du boulanger, ainsi que du talent de Bolton pour la narration ; et il ne fut rompu qu'au bout de quelques minutes par des expressions interjectives de l'intense indignation de tous les hommes présents. Le boulanger se demandait comment un boulanger britannique pouvait à ce point se déshonorer et déshonorer le métier hautement honorable auquel il appartenait ; et les autres se livraient à une variété d'émerveillements liés au sujet ; parmi lesquels le moindre étonnement fut celui qui fut éveillé par le génie et les connaissances de M. Robert Bolton, qui, après un élogieux éloge de lui-même et son influence indescriptible auprès de la presse quotidienne, se procédait, avec un visage des plus solennels, à J'ai entendu les avantages et les inconvénients de la question des autographes du Pape, lorsque j'ai pris mon chapeau et que je suis parti.

Épître familière d'un parent à un enfant
âgé de deux ans et deux mois

MON ENFANT ,

POUR raconter avec quelle peine je vous ai élevé, avec quel œil anxieux j'ai observé vos progrès, combien de fois je me suis assis tard et combien de fois je me suis assis la nuit pour travailler pour vous, et combien de milliers de lettres j'ai reçues, et écrit à vos divers parents et amis, dont beaucoup ont été d'un tour querelleur et irritable, — pour m'attarder sur l'inquiétude et la tendresse avec lesquelles j'ai (autant que j'en possédais le pouvoir) inspecté et choisi votre nourriture ; rejetant les matières indigestes et lourdes que quelques vieilles dames peu judicieuses mais bien intentionnées vous auraient fait avaler, et ne retenant que ces articles légers et agréables que je croyais propres à vous préserver de toutes humeurs grossières et à faire de vous un enfant agréable, et quelqu'un qui pourrait être populaire dans la société en général, - pour m'étendre sur la fermeté avec laquelle je vous ai empêché d'ennuyer n'importe quelle entreprise en parlant de politique - vous assurant toujours que vous m'en remercierez vous-même un jour, quand vous serez plus vieux, - pour m'expatrier, en bref, grâce à ma propre assiduité en tant que parent, n'est pas mon objectif actuel, même si je ne peux que contempler votre belle apparence, votre santé robuste et votre circulation sans entrave (que je considère comme le grand secret de votre beauté) sans la satisfaction et le plaisir les plus vifs.

C'est une observation banale, et que, aussi jeune que vous soyez, vous avez sans doute souvent entendu répéter, que nous sommes tombés sur des temps étranges et vivons dans des jours de changements et de changements constants. J'en ai eu un triste exemple il y a seulement une semaine ou deux. Je revenais de Manchester à Londres par le Mail Train, lorsque je suis soudainement tombé dans un autre train – un train mixte – de réflexion, provoquée par l' attitude abattue et inconsolable de la garde postale. Nous nous arrêtions à une station où l'on prend de l'eau, quand il descendit lentement de la petite boîte dans laquelle il est assis, se moquant horriblement de son ancienne condition avec un pistolet et un tromblon à côté de lui, prêt à tirer sur le premier bandit de grand chemin (ou cheminot) qui le ferait. tenter d'arrêter les chevaux, qui voyagent maintenant (quand ils voyagent du tout) *à l'intérieur* et dans une écurie portative inventée à cet effet, - il descendit, dis-je, lentement et tristement, de son poste, et regardant tristement autour de lui comme s'il était en colère. souvenir lamentable du vieux cabaret au bord de la route, du feu flamboyant, du verre de bière mousseuse, de la servante plantureuse et des serviteurs admiratifs de la brasserie et de l'écurie, tous honorés par son avis ; et, s'éloignant un peu à l'écart, il se tenait appuyé contre un poteau de signalisation, examinant la machine avec un air à la fois d'affliction et de dégoût qu'aucun mot ne peut décrire. Son habit écarlate et ses dentelles d'or étaient ternis par une ignoble fumée ; des flocons de suie étaient tombés sur son châle vert vif, sa fierté d'autrefois, la vapeur condensée dans le tunnel d'où nous venions de sortir brillait sur son chapeau comme une pluie. Son œil indiquait qu'il pensait au cocher ; et alors qu'il se dirigeait vers son propre siège et ses propres vêtements qui se décoloraient rapidement, il était clair qu'il sentait que son bureau et lui-même n'avaient rien à faire là-bas et n'étaient rien d'autre qu'une plaisanterie élaborée.

Tandis que nous nous éloignions, je fus insensiblement entraîné dans l'anticipation de ces jours à venir, où les gardes des voitures postales ne seront plus juges de la chair des chevaux, où les gardes des voitures postales n'auront même jamais vu un cheval, où les gares ne seront plus des juges de la chair des chevaux. auront remplacé les écuries, et le maïs aura cédé la place à la coke. « En ces temps naissants », pensai-je, « les salles d'exposition regorgeront de portraits du moteur préféré de Sa Majesté , de chaudières d'après nature réalisées par les futurs voyants terrestres . Certains Amburgh, encore à naître, briseront des chevaux sauvages grâce à son pouvoir magique ; et dans la tenue d'un garde de malle-poste, expose ses ANIMAUX dressés dans une fausse malle-poste. Alors, les foules émerveillées remarqueront que, à l'exception de son fouet, c'est tout son œil ; et les têtes couronnées les verront nourris d'avoine, et se tiendront seuls, impassibles et impassibles, tandis que les comptoirs s'enfuiront effrayés lorsque les coursiers hennissent ! »

Telles étaient, mon enfant, les réflexions dont je n'étais réveillé alors, comme je le suis maintenant, que par la nécessité de m'occuper de choses d'une importance présente quoique mineure. Je ne vous présente aucune excuse pour cette digression, car elle m'amène très naturellement au sujet du changement, qui est le sujet même que je désire traiter.

En fait, mon enfant, tu as changé de mains. Désormais, je vous remets à la tutelle et à la protection de l'un de mes amis les plus intimes et les plus appréciés, M. Ainsworth, avec qui, et avec vous, mes meilleurs vœux et mes sentiments les plus chaleureux resteront toujours. Je ne récolte aucun gain ou profit en me séparant de vous, et aucun transfert de vos biens ne sera requis, car, à cet égard, vous avez toujours été littéralement le Miscellany de « Bentley », et jamais le mien.

Contrairement au chauffeur du vieux courrier de Manchester, je considère cet état de choses modifié avec des sentiments de plaisir et de satisfaction sans mélange.

Contrairement à la garde du nouveau courrier de Manchester, *votre* garde est chez lui dans son nouveau lieu et il est toujours à portée de main de voleurs de grands chemins et de vaillants desperados. Et si je peux te comparer, mon enfant, à un moteur ; (pas une locomotive Tory, ni une locomotive Whig, mais une locomotive vive et rapide ;) vos amis et clients aux passagers ; et lui qui se présente maintenant envers vous *in loco parentis* comme l' habile ingénieur et superviseur de l'ensemble, je demanderais humblement la permission de retarder d'un bref instant le départ du train sur sa nouvelle et propice route, pendant que, le chapeau à la main, Je m'approche côte à côte avec l'ami qui a voyagé avec moi sur l'ancienne route et j'ose solliciter des faveurs. et de la bonté envers lui et sa nouvelle charge, à la fois pour eux et pour celui du vieux cocher,

Boz .